和谐校园文化建设读本 ┝┄┄┄┄┄┄┄┄┄┄┄

当代英杰

柳 江/编写

吉林出版集团股份有限公司
吉林教育出版社

图书在版编目(CIP)数据

当代英杰／柳江编写. —长春：吉林教育出版社，
2012.6(2022.10重印)
(和谐校园文化建设读本)
ISBN 978 - 7 - 5383 - 8808 - 4

Ⅰ. ①当… Ⅱ. ①柳… Ⅲ. ①名人—生平事迹—中国
—现代—青年读物②名人—生平事迹—中国—现代—少年
读物 Ⅳ. ①K820.7 - 49

中国版本图书馆 CIP 数据核字(2012)第 116032 号

当代英杰
DANGDAI YINGJIE

柳 江 编写

策划编辑 刘 军 潘宏竹		
责任编辑 付晓霞	**装帧设计** 王洪义	
出版 吉林出版集团股份有限公司(长春市福祉大路5788号 邮编 130118)		
吉林教育出版社(长春市同志街1991号 邮编 130021)		
发行 吉林教育出版社		
印刷 北京一鑫印务有限责任公司		
开本 710毫米×1000毫米 1/16 **印张** 8 **字数** 102千字		
版次 2012年6月第1版 **印次** 2022年10月第2次印刷		
书号 ISBN 978 - 7 - 5383 - 8808 - 4		
定价 39.80元		

编　委　会

总 序

千秋基业，教育为本；源浚流畅，本固枝荣。

什么是校园文化？所谓"文化"是人类所创造的精神财富的总和，如文学、艺术、教育、科学等。而"校园文化"是人类所创造的一切精神财富在校园中的集中体现。"和谐校园文化建设"，贵在和谐，重在建设。

建设和谐的校园文化，就是要改变僵化死板的教学模式，要引导学生走出教室，走进自然，了解社会，感悟人生，逐步读懂人生、自然、社会这三本大书。

深化教育改革，加快教育发展，构建和谐校园文化，"路漫漫其修远兮"，奋斗正未有穷期。和谐校园文化建设的研究课题重大，意义重要，内涵丰富，是教育工作的一个永恒主题。和谐校园文化建设的实施方向正确，重点突出，是教育思想的根本转变和教育运行机制的全面更新。

我们出版的这套《和谐校园文化建设读本》，既有理论上的阐释，又有实践中的总结；既有学科领域的有益探索，又有教学管理方面的经验提炼；既有声情并茂的童年感悟；又有惟妙惟肖的机智幽默；既有古代哲人的至理名言，又有现代大师的谆谆教诲；既有自然科学各个领域的有趣知识；又有社会科学各个方面的启迪与感悟。笔触所及，涵盖了家庭教育、学校教育和社会教育的各个侧面以及教育教学工作的各个环节，全书立意深邃，观念新异，内容翔实，切合实际。

我们深信：广大中小学师生经过不平凡的奋斗历程，必将沐浴着时代的春风，吸吮着改革的甘露，认真地总结过去，正确地审视现在，科学地规划未来，以崭新的姿态向和谐校园文化建设的更高目标迈进。

让和谐校园文化之花灿然怒放！

本书编委会

目 录

文学巨匠

人民艺术家老舍

老舍是满族人,1899 年出生在北京的一个小胡同里,他家祖辈都很穷。爸爸给老舍取名叫舒庆春,盼望孩子像春天一样欣欣向荣,给全家带来春的气息和生机,这是个吉祥的名字。

然而,在那个动荡的年代,老舍从小就饱尝了苦难。

"生命的教育"

老舍 1 岁半的时候,八国联军攻打北京。老舍的父亲是保卫皇城的卫士,挎着生锈的腰刀,死死地守卫正阳门。八国联军开进了北京,慈禧太后带着一帮皇亲国戚匆匆忙忙逃出了北京。这些卫士却一动不准动,也不许回家照顾老小,他们就只能驻守在城门,心急如焚地惦念家人。

不幸的是,八国联军发射的燃烧弹落在守军附近,老舍的父亲竟被活活烧死了。

老舍从懂事起,看到的就是母亲一天到晚操劳,手被洗衣服的碱水泡得鲜红,手指、手背总是肿着。在旧社会,一个寡妇,几个孤儿,日子实在苦得没法熬下去。

老舍

夏天到了,有钱人家吃新鲜蔬菜,老舍家天天吃盐拌小葱;冬天,别人家炒的菜香喷喷的,老舍家却只能把捡来的白菜帮子腌着吃。

一年春节,还不大懂事的老舍,跑回家向母亲报信儿:"妈,当铺刘家宰猪呢,杀了两头大肥猪。放债的孙家请了两座供神的蜜供,像小塔那么高。他们过年怎么有那么多好吃的东西?"

母亲忍住快掉下的眼泪,对小儿子说:"咱们家过年,妈给你包饺子吃,咱们自己包的饺子最好吃。"

为了让孩子过个高兴的年,母亲年前加紧干活,大冷天一熬就是大半夜。攒了一点儿钱,大年三十才吃上顿菜多肉少的饺子。初一的馒头有一多半是玉米面的"两面馒头"。

老舍一家祖祖辈辈是文盲,他哥哥姐姐也都没钱进学堂。母亲为了让小儿子识点字,除了给人家洗衣服外,又去当用人,挣点钱,供老舍进学堂念书识字。

老舍是个懂事的孩子,他知道母亲供自己念书不容易,从小就刻苦读书。有钱人家玩鸟、养鸽子、花钱买蝈蝈逗着玩。老舍也对小动物有一种特殊的感情。由此他养成了观察的好习惯。

夏天,他和胡同里的小伙伴聚精会神地在槐树下寻找吐着长丝的蜘蛛;秋天,他会在院子里与落脚的麻雀长久地交谈逗乐。

有一次,刚下完雨,他看见院里来了一只受伤的麻雀。小鸟那委屈与惶恐的眼神,勾起了老舍的怜悯,他想:多可怜的小鸟啊,我应该尽量帮助它才好。

老舍飞快地跑进厨房,抓了几粒饭粒,可当他回到院里时,小鸟不见了。原来,小鸟已经被院里的小猫叼走了。老舍追啊、赶啊,终于把小麻雀从猫爪下救了出来,然后他又小心翼翼地把麻雀捧到卧室里,放在桌子上,用布蘸着温水洗净它的伤口。

老舍对小动物爱得这样深,他懂得,动物都是通人性的。狗忠诚、勇敢,母鸡慈爱、任劳任怨,小猫性格古怪。由于他善于观察,喜欢思考,在学校里,语文成绩总是名列前茅。他少年时代培养起来的热爱生命和善解人意的品质，对日后从事文学创作有很大帮助。

老舍稍大一点儿后，就特别喜欢背诵古诗、古文。有时中午回家，碰上家里没粮食，揭不开锅，他扭头就跑回学校，在空无一人的教室里，饿着肚子念书。

老舍和母亲的感情特别深。有一回，又过年了。学校规定学生必须到校，不准请假。老舍飞快地跑回家，跟妈说一声。推门一看，妈妈一个人在家里发呆。她正等小儿子回家过年呢。可是老舍不得不说自己今天必须回校。母亲一下子愣了，呆了半天，什么话也没说，把儿子送出门去，又掏出几个铜钱塞在他手里。

老舍向学校跑去，眼睛被泪水模糊了。他看不见街上的除夕热闹景象，只恍惚看见妈妈，那个成天为生活而操劳过度的妈妈。他心目中的母亲，是最伟大、最可敬、可爱，又可怜的人。

到了学校，校方又说可以回家了。老舍飞一样赶回家。母亲正独自呆坐着，看到儿子回来，母亲笑了。她拿出一个小纸包，给儿子，说："给你买的杂拌儿，过年了，甭老看人家吃，咱们也有，刚才一忙，忘了给你。"

老舍接过来，本来应该挺高兴，不知怎么的，娘儿俩都落了泪。

老舍爱母亲，母亲更是疼爱老舍。老舍从母亲那里听了无数遍八国联军攻城的事，他们大肆烧杀抢掠，百姓遭殃。还讲义和团起义的故事，讲怎么杀洋毛鬼子。

刚强的母亲，吃苦耐劳，恨敌爱国，是老舍成长的最好老师。他曾满怀深情地回忆说："从私塾到小学，到中学，我经历过起码有百位教师吧。其中有的给我很大影响。但是我真正的教师，把性格传给我的，是我的母亲。母亲并不识字，她给我的是生命的教育。"

"拥抱生活"

老舍读完小学，考入北京三中，为了节省上学费用，他又考入了师范。

1918年，19岁的老舍师范毕业分到方家胡同小学当校长，老舍的母亲高兴得合不拢嘴。儿子对母亲说："以后，您可以歇一歇了。"母亲的回答是一串串眼泪。

老舍忘不了母亲吃的那么多苦，忘不了左邻右舍的穷人。他成了作家，笔下创作的是劳动人民的形象。

老舍在《骆驼祥子》里，写了一个可怜的人力车夫。他本来是农民，18岁失去了父母，为了混口饭吃，来到北京做苦力，成了人力车夫。

祥子从一拉车就渴望做一个"自由的车夫"。为了买一辆人力车，他起早贪黑，出卖苦力，在烈日和暴雨下忍受煎熬，"半死不活地低着头，一步一步地往前拽……""风里雨里地咬牙""茶里饭里地自苦"，节衣缩食，拼命苦干，整整花了三年的心血，才积攒了100块钱，自己买了一辆车。他满以为从此可以不再受车厂老板的气，靠自己的力气和车子，争取一个起码的"人"的生活。但是，在那军阀混战的时代，他用自己的车跑了一趟西直门，就被反动派军队连人带车一起抓走了。后来费尽了周折，才逃出了狼窝。

祥子又重新鼓起勇气，继续省吃俭用，租车卖力气，把用血汗换来的钱，"一块一块往闷葫芦罐里放"，为再买一辆车而奋斗。但是，拼死拼活积攒起来的钱，又被侦缉特务全部抢劫……

一个健壮的、要强的、有梦想的、好端端的小伙子变成了一个人不人鬼不鬼的东西。罪恶的社会吞没了他。

老舍的这部文学巨著，塑造了不朽的文学形象，这部小说被译成26种文字，载入了世界文学史。

老舍是怎么写出这部传世之作的呢？

他对拉洋车的生活太熟悉了。亲戚、朋友、邻居，好多人都是拉洋车的。他的哥哥就在小羊圈胡同口上开一个车厂。老舍自幼就跟拉车的来往。他不但知道车夫的外表、举动，还了解他们的感情和思想。

不过，老舍并不满足这些材料，他亲自去调查采访，还到处写信去打听有关拉洋车的一切人和事。如果提供他材料的是穷人,他就付给对方钱作为报酬。

老舍写祥子,写得非常用心,他说:"放下笔的时候,心中并没有休息,依然在思索。思索的时候,笔尖上便能滴出血和泪来。"

老舍还写了许许多多好作品,小说《月牙儿》《四世同堂》,话剧《龙须沟》《茶馆》等等。其中人物、故事,多半都是与他生活有关的。

比如他写《茶馆》,老舍从小就是茶馆常客。他少年时代,非常神往那里。为什么呢?原来这里有一段故事。

老舍当年住的小羊圈胡同口上,就有一座典型的小茶馆。他每天放学回家经过那里,都会不由自主地停下来,站在茶馆门口,张望曲艺艺人精彩的表演。他尤其爱听评书,《三国演义》《水浒传》《小五义》《施公案》等,少年老舍听了一部又一部……

渐渐地,老舍发现精彩的曲艺表演把自己带进了一个广阔的天地。他惊喜地发现,世界很大很大,百听不厌的故事很多很多……

后来,他勤奋地创作,终于写完了《茶馆》。这部话剧近 30 年演出400 多场,在国外,有一次演完之后,观众起立,热烈鼓掌要求演员出场谢幕,谢了一次又一次,多达 36 次,简直创下了谢幕的世界纪录。

"人民的老舍"

1946 年 3 月,老舍应美国国务院邀请到美国讲学。

1949 年夏天,老舍在公寓里看书,准备到院子里散散步。看到门缝里有张纸条。他打开一看,上面写着:第一次文代会即将在北京召开,老朋友已经全部聚在北京,唯差兄一人,回来吧,老朋友!祖国的文艺繁荣等待着我们的笔,包括你的笔。下面署名是郭沫若、茅盾、周扬等人。

老舍顾不得腿伤未痊愈,迫不及待地回到了祖国。

回国后,他满腔热情地为新中国工作。一次,他去天桥了解艺人们的生活,正看到戏园子的后台,一些演员在捐钱。你一元、我五角地往一块儿凑。当时大家都很穷,捐的钱并不多,可都在伸手往里扔钱。

老舍问明他们这是干什么。原来,唱彩旦的大姐的丈夫得病住进医院,家里困难,交不起医药费,大家正帮助她。

老舍说:"我也凑一份行吗?"说着,掏出20元钱递了过去。嗬!这数目不小哇。负责收钱的先生让老舍签上名字,老舍说:"不用啦,都是穷兄弟,不用写啦。"

管事先生非让他写不可,说:"这是规矩。"老舍写上了"一龙套——20元"。

一龙套,就是跑龙套的,也就是自己人的意思。他一直把自己看成是人民的。

老舍出了名,可他还是把自己当成普通人。凡是他能做到的,他都有求必应。

青年人特别景仰作家。老舍对青年人尤其关心。求访必见,有信必复。

一次,外地一位青年作者给老舍寄来习作稿子。他放下手中工作,细心为他阅稿、复信。当知道这位青年眼睛近视后,老舍又为他配了眼镜,亲手制了一个木盒,把眼镜寄给了这位青年。

还有一次,老舍去故宫博物院参观。人多极了,络绎不绝。在绘画馆里陈列了我国历代名画,件件都是珍品、国宝。这里的人最多。

在入口处,一个年轻人向前挤,手里举着烟卷,嘴里喷着浓烟。门口的"保护文物,禁止吸烟"的牌子,他连瞧也不瞧。

老舍戴着眼镜,上前一步,拍拍抽烟人的肩膀,那抽烟人莫明其妙。

老舍笑笑说:"我挺喜欢抽烟,都不抽了。你把烟掐了。"

那个青年眨眨眼睛,看眼前不相识的人这么认真严肃的态度,于是把烟掐了。

他就是这样一个既普通,又热情,把大家的事、人民的事放在心上的人。

教育文宗叶圣陶

叶圣陶出生在一个平凡质朴的市民之家,他出生的那年,父亲 47 岁,母亲 30 岁。晚年得子,喜悦之情自不待言,望子成龙之心也分外迫切。在父母的培养下,他 3 岁起就开始描红写字,到 6 岁进私塾时已经识字 3000 左右,且字迹秀丽工整,得到老师的好评。

叶圣陶

在那个新旧交替的时代,他有幸最先体验新旧教育的不同,在新式教育下,呼吸到爱国民主的新鲜空气。1905 年夏天,叶圣陶将满 11 岁,在父亲的安排下,赶赴科举考场。然而,就在 1906 年,清政府发布上谕,停止所有的岁试、乡试、会试,叶圣陶虽未能考中秀才,他的这次赶考却成为中国历史上最后的科试。

这年春天,他坐进了苏州城的第一所公立小学的课堂,他在这所小学里学习了历史、地理、博物等崭新的课程,学校专辟体育一课,组织学生一年一度远足旅游。这些无不给他日后的教育和文学生涯奠定了基础。

中学时代也令叶圣陶终生难忘。1907 年,新式小学只读了一年,他即以优异的成绩跳级考入苏州草桥中学。这所学校的教师很多都是有新思想的青年人,他们倡导学生爱国、强国,教育学生热爱乡土,立志振兴中华,还注重发展学生的业余爱好。叶圣陶在这里学会了篆刻、写诗,还办了小报。

大爱育人

得益于学生时代的积累,学识坚实、兴趣广泛的叶圣陶选择了教师作为步入社会后的第一个职业，1912年，他开始他的粉笔、黑板生涯。叶圣陶性格温和，学识坚实，兴趣广泛，谁知还没有正式上课，便遇到流言，他教育上的意见不能见诸实行，这使得他精神上一度很痛苦。

"人家尽枕河，水巷小桥多"，经过了几年的摸爬滚打，初尝艰辛的叶圣陶来到了明丽清新、风景宜人的小镇角直，从此，开始了他人生的一个重要的阶段。

在这里，他遇到了一班志同道合的同事，他们一起研究教育的改革并逐项付诸实践，先是编写新的国文课本，每篇选文后面都附有题解、作者传略及注释，里面也穿插着文话，用讲话的体裁谈论文章的写作与欣赏。

与此同时，他还专门研究用什么样的方式补充课堂教育，做到了真正的寓教于乐。他节衣缩食，在校内创办了利群书店和百览室，把自己收藏的名著、诗集和刊物陈列出来供学生阅览，在百览室的四壁开辟诗文专栏，鼓励有兴趣的学生练笔。他还指导学生刻图章印记、刻诗文互赠、刻花鸟共娱，他送给学生的刻字"温不增华，寒不减叶"中就渗透着哲理和人格。

此后，叶圣陶带着他的教育精神应邀辗转于浙江一师、北大、复旦、协和等多所学校任教，十几年的任教生涯，从小学教到大学，他成为学生的精神领袖，桃李天下。

以后的日子里，他连同他"击桨连床共曦月"的挚友，共同为教育之事奋斗。他的一生深知教师生涯的甘与苦，继而到他取得成就、当教育部长，他始终没有离开他热爱的教育事业。

自弄清影　一代文宗

现实主义是叶圣陶人生的一个重要鲜明的特点，这又奠定了他在中国新文学上的光辉和贡献。在接受五四新思潮之前，叶圣陶就已经有了相当深厚、系统、踏实的传统文化功底。在他的精神世界中，西方文化与东方文化、现代与传统往往是双重优良素质的自然契合。

我们常说,叶圣陶和中国教育是有缘的,这样的缘分更在于他的文学创作中,他的大部分小说创作都以他十几年的教学生涯为创作的源泉,他对中国文学的独特贡献也正在于此。

五四运动以后,尤其是文学研究会成立的1921年以后,叶圣陶用他的笔披荆斩棘、获得丰收。从短篇小说集《隔膜》、第一部童话《稻草人》,到长篇小说《倪焕之》,他表达的情感和感觉构筑了真相与现实的基础,也使他的文章充满无穷的力量。"情感如同忽明忽暗的灯火,但是记述却因为这灯火而引人注目。"叶圣陶曾这样说。他都是从平凡的生活中精心撷取,表现合情合理、毫不过分的平实的人生理想。

也许叶圣陶的为人的平和自然决定了他的作品没有鲁迅的深刻与峻急,也不及郭沫若的热情与奔放,但是他与中国民主、科学的步调相一致,与不断前进的时代精神相一致。他用内涵充实坚定、外表温婉节制的方式矗立在华夏之间。

"一个人本当深入生活的底里,懂得好恶,辨得是非,坚持着有所为有所不为,实践如何尽职如何尽伦,不然就是白活一场。"叶圣陶在1936年的剧评《其实也是诗》中这样阐述了自己的人生哲学和处世准则。人如其文,这就是生当大波大澜的年代,中国知识者应当分清的大是大非。这看起来朴实无华,但越是仔细品味,就越能感到其中蕴蓄着富贵不能淫、威武不能屈、贫贱不能移的精神力量。

圣母作家冰心

冰心(1900—1999),福建长乐人,1900年10月5日出生于福州一个海军军官家庭,原名为谢婉莹,笔名为冰心,取"一片冰心在玉壶"为意,被称为"世纪老人"。现代著名诗人、作家、翻译家、儿童文学家。曾任中国民主促进会中央名誉主席,中国文联副主席,中国作家协会名誉主席、顾问,中国翻译工作者协会名誉理事等职。

冰心的父亲谢葆璋是一位参加过甲午战争的爱国海军军官。在海浪、舰甲、军营中冰心度过了着男装、骑马、射击的少年生活。中华民族饱受列强欺凌的屈辱历史,更激发了她的爱国之情。

冰心出生后 7 个月,便随全家迁至上海。4 岁时迁往山东烟台,此后很长时间便生活在烟台的大海边。大海陶冶了她的性情,开阔了她的心胸;而父亲的爱国之心和强国之志也深深影响着她幼小的心灵。曾经在一个夏天的黄昏,冰心

冰心

随父亲在海边散步,在沙滩,面对海面夕阳下的满天红霞,冰心要父亲谈谈烟台的海,这时,父亲告诉小女儿:中国北方海岸好看的港湾多的是,比如威海卫、大连、青岛,都是很美的,但都被外国人占领了,"都不是我们中国人的","只有烟台是我们的!"父亲的话,深深地印在冰心幼小的心灵。在烟台,冰心开始读书,家塾启蒙学习期间,已接触中国古典文学名著,7 岁即读过《三国演义》《水浒传》等。与此同时,还读了商务印书馆出版的"说部丛书",其中就有英国著名作家狄更斯的《块肉余生述》等十九世纪批判现实主义的作品,在读《块肉余生述》时,当可怜的大卫,从虐待他的店主家出走,去投奔他的姨婆,旅途中饥寒交迫的时候,冰心一边流泪,一边拿着母亲给她当点心的小面包,一块一块地往嘴里塞,以证明并体会自己是幸福的!

辛亥革命后,冰心随父亲回到福州,住在南后街杨桥巷口万兴桶石店后一座大院里。这里住着祖父的一个大家庭,屋里的柱子上有许多的楹联,都是冰心的伯叔父们写下的。这幢房子原是黄花岗七十二烈士之一的林觉民家的住宅,林氏出事后,林家怕受株连,卖去房屋,避居乡下,买下这幢房子的人,便是冰心的祖父谢銮恩老先生。在这里,冰心于

1912年考入福州女子师范学校预科，成为谢家第一个正式进学堂读书的女孩子。

冰心于1914年就读于北京教会学校贝满女中。五四时期，在协和女子大学就读理科，后转文学系学习，曾被选为学生会文书，投身学生爱国运动。新文化运动的兴起和五四运动的爆发，使冰心把自己的命运和民族的振兴紧密地联系在一起。她全身心地投入时代潮流，被推选为大学学生会文书，并因此参加北京女学界联合会宣传股的工作。在爱国学生运动的激荡之下，她在1919年8月的《晨报》上，发表第一篇散文《二十一日听审的感想》和第一篇小说《两个家庭》。后者第一次使用了"冰心"这个笔名。由于作品直接涉及到重大的社会问题，很快引起反响。

五四运动席卷了中国知识界，这时，冰心已经成长为一位19岁的年轻姑娘。在此之前，她绝对不曾想到：这场运动会改变她的生活道路，把她推上文坛，使她成为中外知名的女作家。

她被同学们推举为学生联合会的干事，致力于爱国宣传。通过一个在《晨报》当编辑的表兄，冰心发表了一篇表现学生爱国热情的通讯。冰心表兄也发现了她有坚实的文字功底，遂时常给她寄《新青年》《新潮》等倡举新文化运动的刊物，并鼓励她写作白话小说，冰心于是又在《晨报》上发表了《两个家庭》。亲友的支持促使冰心走上了文学创作之路，优越的家境、温馨的父母之爱，以及从母亲那里继承而来的淑婉的个性，使冰心的文字清新细腻、冰莹剔透。

一天，她在一本杂志上很偶然地看到了一个十分新鲜的名字——泰戈尔，同时看到了这个老泰戈尔写出来的一小段一小段的、充满了哲理又十分美妙的诗歌，这是郑振铎翻译的《飞鸟集》的连载。她阅读着这位异国诗人写作的神奇诗句，19岁姑娘的那颗敏感、善良的心里，充满了虔诚的感动。

后来，她在1958年3月18日写的《我是怎样写〈繁星〉和〈春水〉的》一文里这样写道："在我们求知欲最旺盛的时候，我们在课外贪婪地阅读这些书报,就是在课内也往往将这些书报压在课本底下,公开地'偷看',遇有什么自己特别喜欢的句子,就三言两语歪歪斜斜地抄在笔记本的眉批上,这样做惯了,有时把自己一些随时随地的感想和回忆,也都拉拉杂杂地写上去。日子多了,写下来的东西也有相当的数量,虽然大致不过三五行,而这三五行的背后,总有些和你有关的事情,看到这些字,使你想起很亲切很真实的情景,而舍不得丢掉。"

就这样,《繁星》和《春水》问世,一个个性化的、追求真善美的抒情主人公形象,活灵活现地出现在人们的视野中。冰心通过隽永的文字来赞美母爱,赞美童心,赞美自然,探索人生。在那个阴霾和黑暗的旧中国里,冰心爱的是普通的人和普通的家庭。她希望每一个家庭、每一个人,都像她自己和她的家庭一样地幸福。

在去美国的杰克逊总统号邮轮上,冰心与吴文藻相识。冰心在波士顿的威尔斯利女子大学研究院攻读文学学位,吴文藻在达特默思学院攻读社会学,他们从相互的通信中,逐渐加深了解,1925 年夏天,冰心和吴文藻不约而同到康奈尔大学补习法语,美丽的校园,幽静的环境,他们相爱了。

冰心没有谋到现实中看守灯塔的工作,但是,她用一生的创作为人们点燃、看守了一座"爱"的灯塔。这位多福长寿的女作家,有一个温暖幸福的童年。她这种温柔动人的爱,从小就渗透在她的心田里,成为她思想和行动的一种善良的出发点。

1929 年 6 月 15 日,冰心与学成归国的吴文藻在燕京大学临湖轩举行婚礼。成家后的冰心,仍然创作不辍,作品尽情地赞美母爱、童心、大自然,同时还反映了对社会不平等现象和不同阶层生活的细致观察,纯情、隽永的笔致也透露着微讽。

1946 年的冬天,吴文藻博士作为战后赴日的中国代表团的职员,到日本进行社会考察。冰心也带着自己最小的女儿,与丈夫吴文藻一起,于这一年的 11 月到了日本的东京。

抵达东京之后，11 月 29 日，她就写了一篇散文《给日本的女性》，向异国的妇女讲授她的关于母爱的看法，冰心把对未来和平的希望，都寄托在各国妇女充满了正义感的母性之中。

她希望各国的母亲，都来"阻止一切侵略者的麻醉蒙蔽的教育"，都来"阻止一切以神圣科学发明作为战争工具的制造"，都来"阻止一切使人类互相残杀毁灭的错误歪曲的宣传"。她希望全世界的母亲都要学会教育自己的孩子，让他们知道：战争是不道德的，仇恨是无终止的，暴力和侵略终究是要失败的。

冰心虽然是作为吴文藻博士的家属同去日本的，但是，由于她本人在文学方面的成就及影响，抵达日本之后，就立即引起了日本学界的注意。她被东京大学聘为第一位外籍女教授，讲授"中国新文学"课程。

住在战败国日本的冰心，一直时时刻刻地关心着国内形势的变化。"在那里，我通过在香港的朋友给我秘密地寄来几本毛主席著作，自己研读，我也偷偷地收听解放区的广播。"1949 年 10 月，中华人民共和国成立的消息很快传到了东京。冰心和吴文藻，还有他们的三个孩子，聚集在收音机旁，倾听着这一来自祖国的喜讯。

1951 年的秋天，美国的耶鲁大学以优渥的待遇邀请冰心夫妇去该校担任教授职务。冰心和吴文藻看准了这是一个离日返国的最好机会，于是他们立即表示应聘，"并以先到香港做些准备工作"为理由，从东京经横滨，来到了香港，然后冰心全家便由港秘密乘船转到广州，吴文藻、冰心夫妇冒着生命危险，冲破重重阻难，辗转回到祖国。

冰心感受到新中国欣欣向上，以百倍的精力投入到祖国的各项文化事业和国际交流活动中去。她发表大量作品，歌颂祖国，歌颂人民的新生活。她说："我们这里没有冬天"，"我们把春天吵醒了"。她所创作的大量散文和小说，结集为《小橘灯》《樱花赞》《拾穗小札》等，皆脍炙人口，广为流传。

中国共产党十一届三中全会之后，冰心迎来了第二次创作高潮。她不知老之将至，始终保持不断思索，永远进取，无私奉献的高尚品质。

1980 年 6 月，冰心先患脑血栓，后骨折。病痛不能令她放下手中的笔。她说"生命从八十岁开始"。她当年发表的短篇小说《空巢》，获全国优秀短篇小说奖。接着又创作了《万般皆上品》《远来的和尚》等佳作。散文方面，除《三寄小读者》外，连续创作了四组系列文章，即《想到就写》《我的自传》《关于男人》《伏枥杂记》。其数量之多，内容之丰富，创作风格之独特，使得她的文学成就达到了一个新的境界，出现了一个壮丽的晚年景观。

年近九旬时发表的《我请求》《我感谢》《给一个读者的信》，都是用正直、坦诚、热切的拳拳之心，说出真实的话语，显示了她对祖国、对人民深沉的爱。

革命作家茅盾

茅盾（1896—1981），原名沈德鸿，字雁冰。浙江桐乡人。中国现代著名作家、文学评论家、文化活动家以及社会活动家，五四新文化运动先驱者之一，我国革命文艺奠基人之一。

1896 年 7 月 4 日茅盾生于浙江桐乡县乌镇。这是个太湖南部的鱼米之乡，是近代以来中国农业最为发达的地区，它毗邻现代化的上海，又是人文荟萃的地方，父亲沈永锡，清末秀才，通晓中医，是具有开明思想的维新派人物，颇重视新学，除声、光、化、电和数学等自然科学外，也喜欢传播进步思潮的社会科学著作。母亲陈爱珠，是一位通文理、有远见而性格坚强的妇女。茅盾 10 岁丧父，童年时代，就接受了母亲所教的文学、地理和历史知识。茅盾说："我的第一个启蒙老师是我母亲。"

8 岁时茅盾入乌镇立志小学读书，后转入植材高级小学，成为该校第一班学生。在学校里，茅盾的各门功课都名列前茅，特别是他的作文更是出色。受父母的影响，茅盾很小就心怀天下。12岁时茅盾在会考作文中就写出了他一生的追求和信仰："大丈夫当以天下为己任。"在父母亲的鼓励下，13岁的茅盾踏上到湖州的火车，开始了中学生活。有一次，先生布置的作业是自命题写作，很多学生茫然不知所措。茅盾却借鉴庄子《逍遥游》的寓意，写了一篇五六百字的文章《志在鸿鹄》。文中写了一只大鸟展翅高飞，在空中翱翔，嘲笑下边仰着脸看却无

茅盾

可奈何的猎人。茅盾借对大鸟形象的描写，表明了自己的少年壮志。而且文章的题目又与茅盾的名字德鸿相合，形象生动，故借此自抒胸臆。先生很是赏识，夸赞他"将来能为文者"。

　　茅盾的中学时代，是在浙江的三所中学度过的。1909年，他考入浙江湖州第三中学堂插班二年级读书，1911年秋季转入嘉兴中学堂。不久，辛亥革命爆发，茅盾热情地迎接了这次革命，做起革命的义务宣传员来。在学校里，茅盾和几个同学发动、抨击了一个不得众望的学监，因而被学校除名。于是，他便转入杭州安定中学校学习，并在那里毕业。在中学时代的生活中，固然有些师长，给茅盾以深刻的印象和积极的指导，但整个的学习空气是陈旧的。"书不读秦汉以下，骈文是文章之正宗，诗要学建安七子；……气度要清华疏旷"（《我的中学时代及其后》），这一切曾给茅盾以古典文学的修养，但在他的回忆里更多的却是平凡、灰色和令人窒息的东西，他几乎把课余时间都消磨在看小说上。古典小说启迪了他的文思，同时也在他的作文格调上显露出印迹。

1913年，茅盾考入北京大学预科第一类。预科毕业后，由于家庭经济窘迫，便开始工作谋生。1916年8月，到上海商务印书馆编译所工作。开始在英文部修改英文函授生课卷，继之和别人合作译书。这样，便有最初的翻译《衣食住》（卡本脱著）问世。不久，又到国文部编写《中国寓言》，一面也参与《学生杂志》的编辑工作。1920年初，五四文学革命深入开展中，茅盾开始主持大型文学刊物《小说月报》"小说新潮栏"的编务工作。这时连续撰写了《小说新潮宣言》《新旧文学平议之平议》和《现在文学家的责任是什么》等论述，表露了茅盾早期的文学见解。同年11月，茅盾接编并全部革新了《小说月报》；12月底，与郑振铎、王统照、叶绍钧、周作人等联系，并于1921年1月发起成立了"文学研究会"。当时，茅盾主要从事文学理论的探讨、文学批评和外国文学的翻译工作。据不完全统计，1921年度，茅盾发表的译著约130余篇。他以充沛的精力，致力于文学革命活动。两年后，由于商务印书馆守旧派对《小说月报》的革新不满，茅盾辞去了该刊的主编职务，转到国文部工作。

与此同时，茅盾积极参加社会革命活动。1921年初，茅盾参加了上海共产主义小组。同年7月，中国共产党成立，他成为中国共产党最早的党员之一。1922年后，曾以《小说月报》编务为掩护，从事党中央联络员工作。这期间，也曾先后在党所办的平民女校、上海大学任教，为革命事业培养干部。1925年五卅运动爆发，茅盾直接投身于群众革命运动。6月，和郑振铎等创办了《公理日报》，不久被迫停刊。8月，作为职工代表，参加了商务印书馆的罢工斗争。国民党召开西山会议后，茅盾和恽代英奉中共中央之命在上海组织了国民党左派的上海市党部。1925年底，茅盾和恽代英等被选为左派国民党上海市党部代表，赴广州出席国民党第二次全国代表大会。会后，留广州工作，在毛泽东任代理部长的国民党中央宣传部做秘书。1926年3月，"中山舰事件"后，茅盾返沪。

1926年10月，北伐军占领武汉，成立国民政府。茅盾赴武汉，先任中央军事政治学校武汉分校教官；1927年春，出任汉口《民国日报》主编。

从 4 月至 7 月间,为该刊撰写社论、述评 30 余篇。7 月,汪精卫组织"分共会议",公开叛变革命,茅盾撤离武汉,准备参加南昌起义,抵九江后因路途阻塞,经牯岭回上海。这时,又遭国民党反动派通缉。从此,他以茅盾为笔名,开始创作和其他文学活动。

1927 年 9 月,矛盾发表《幻灭》,至 1928 年 6 月,又先后完成《动摇》《追求》——即三部曲《蚀》的创作。同年 7 月,离上海去日本,先住东京,后迁京都。客居日本期间写有长篇小说《虹》(未完)和一些短篇小说、散文诗作,以及《神话杂论》《西洋文学通论》和《北欧神话 ABC》《中国神话研究 ABC》等著作,《从牯岭到东京》《读〈倪焕之〉》等论文。

1930 年 4 月,茅盾从日本回到上海。不久,加入中国左翼作家联盟,并一度担任"左联"执行书记。从此,茅盾和鲁迅在一起,从事革命文艺活动和社会斗争。1931 年,为抗议国民党反动派的血腥屠杀政策,鲁迅和茅盾等发表了《为国民党屠杀大批革命作家宣言》;1932 年 2 月,发表《上海文艺界告世界书》和《为日军进攻上海屠杀民众宣言》;5 月,日本革命作家小林多喜二被害的消息传来,鲁迅、茅盾等 8 名作家发起《为横死之小林遗族募捐启》;7 月,致电南京政府营救被监禁的国际工联的牛兰夫妇。

1934 年 9 月,茅盾协助鲁迅创办《译文》杂志,为进步文学的翻译事业开拓了新路。1936 年 2 月,获悉红军长征胜利到达陕北的消息后,鲁迅与茅盾发出致中共中央贺电:"在你们身上,寄托着人类和中国的将来。"同年 10 月,茅盾和许多文艺工作者发表了《文艺界同人为团结御侮与言论自由宣言》,号召建立文艺界的抗日民族统一战线。

1927 至 1937 年,是茅盾创作的成熟和丰收的阶段。这期间,完成的有中篇《路》《三人行》和长篇《子夜》。《子夜》是大规模地描写中国社会状貌的小说。它的出版,显示了左翼文学的实绩,是五四以来新文学发展历史征程上的里程碑。瞿秋白评价说:"这是中国第一部写实主义的成功的长篇小说。"(《〈子夜〉与国货年》)与此同时,还完成了优秀短篇小说《林家铺子》《春蚕》《秋收》《残冬》等的创作；翻译了丹钦科的《文凭》和吉洪诺夫的《战争》等书；此外还在《申报·自由谈》《太白》《文学》等刊物上写下了大量的杂文、文艺短评和作家研究专论。

1937年抗战初期，他参加了《救亡日报》的工作，主编《呐喊》（后改名《烽火》）。上海沦陷后，茅盾辗转长沙、武汉、香港、广州等地。1938年3月，中华全国文艺界抗敌协会在汉口成立，茅盾被选为理事。4月，他主编的《文艺阵地》在广州创刊，同时又为在香港复刊的《立报》编辑副刊《言林》。长篇小说《第一阶段的故事》（原名《你往那里跑》）便是这时完成的。12月，应杜重远的邀请，经海防、昆明去新疆迪化（今乌鲁木齐）。

抗战胜利后，茅盾于1946年3月离开重庆，经广州、香港，5月到达上海。主编《文联》杂志，并参加呼吁和平、争取民主的活动。在香港期间，曾连续发表《应走和平民主路线》《认清国情》等讲演。6月，和上海进步文化界一起呼吁和平，发表《上书蒋主席马歇尔及各党派》；7月，李公朴、闻一多惨遭国民党特务杀害后，茅盾等致电国际人权保障会，揭露国民党罪行；10月，沈钧儒、茅盾等发表《我们要求政府切实保障言论自由》等文章。同年，翻译的苏联小说集《人民是不朽的》《团的儿子》《苏联爱国战争短篇小说译丛》出版。同年末，茅盾夫妇应苏联对外文化协会邀请，离上海赴苏联访问。1947年1月起《游苏日记》陆续发表。4月，从苏联归国到达上海。这次访问，著有《苏联见闻录》《杂谈苏联》两部书。这时，国民党反动派发动内战，愈加残酷地实行法西斯统治，茅盾被迫于1947年末再赴香港。

中华人民共和国成立后，茅盾担任中央人民政府文化部长职务，主编《人民文学》杂志，当选为历届全国人民代表大会代表、历届政协全国委员会常务委员和第四届、五届全国委员会副主席。中华人民共和国成立后，茅盾的著述有《鼓吹集》《鼓吹续集》《夜读偶记》《关于历史和历史剧》《茅盾诗词》（包括建国前的部分）。

茅盾的著作，经人民文学出版社及其他出版社印行的有：《茅盾文集》10 卷集、《脱险杂记》《茅盾论创作》《茅盾文艺杂论集》《茅盾文艺评论集》《茅盾译文选集》《世界文学名著杂谈》《神话研究》、回忆录《我走过的道路》以及长篇《锻炼》等。人民文学出版社自 1983 年起陆续出版的 40 卷本的《茅盾全集》收录了他的全部文学著作。

苗家儿子沈从文

著名作家沈从文是苗族后代。他1903 年生于湖南凤凰县。

苗乡——湘西山城凤凰,便是沈从文儿时的摇篮。父辈是苗族,亲友也是苗族,他听到、看到的都是苗人的故事,所以沈从文从 20 世纪 20 年代起,在他的小说中就有许多反映苗族人民生活的作品,成为我国最早将少数民族题材引入新文学创作领域的著名作家之一。他最有特色的作品,也是反映湘黔川边境少数民族风土民情的,如《旅店》《夜》《还乡》《边城》等。

沈从文

他以卓越的成就赢得了各族人民的爱戴,1986 年,他被推举为中国少数民族作家学会名誉主席。

做人最美的"老战兵"

沈从文 15 岁时,当过"补充兵"。每天他都要到操场接受训练。

当时训练分三组,他所在的一组似乎高贵一些,另一组名分上差一些。这两组都采用新式入伍训练。还有一组是"老战兵"滕四叔所主持。家长不让孩子去那里训练,因为方法不"新"。

沈从文回忆说:"新式教练看来虽十分合用,钢铁的纪律把每个人皆造就得自重强毅,但实际说来真无趣味。"

原来,这群小至 12 岁,最大不过 17 岁的孩子,一下操场就是 2 小时,跑步要跑 30 分钟,姿势稍稍不合要求,就是当胸一拳,衣服稍稍不整齐,就是一巴掌,做单双杠、木马动作,摔下来不许哼一声儿,过高高的天桥,必须正视前方走正步。

沈从文天性活泼,认为新式入伍训练这一套,一点儿也不新,不适合小孩子的性格。他身在这一组,却十分羡慕那旧式的一组。

在他眼里,滕四叔有奇才奇能,翻跟斗、拿顶、泅水、摸鱼、叉鱼、医术、养鸡鸭、栽花接果树……什么都会。

滕四叔又比谁都和气,比谁都公道,教练方法十分潇洒。沈从文仰慕这位教练,仔细观察他的动作,体会他的做人之美。

他写道:"滕四叔不拘向任何一方翻筋斗时,毫不用力,只需把头一偏,即刻就可以把身体在空中打一个转折。"写他精通医术:"随手采几样路边草药,捣碎敷上,就可包好。"

沈从文最感兴趣的,是"老战兵"对孩子关心备至。天气炎热时,这边还在太阳下立正、往硬水泥地上卧倒,那一队却一帮一伙地去河里泅水、叉鱼。

谁犯了事,这边是当胸一拳,那边却是一个微笑,罚他泅过河一次。

沈从文对"老战兵"这样敬佩、热爱,和他从小养成的性格有关。他酷爱自由,富于童心,他的血液里流淌着对美好人性的追求。

后来,沈从文背起了小包袱,从"补充兵"到正式兵,在部队里过起了军事生活。那位做人最美、技能最多,使沈从文打心眼里佩服,觉得他十分富于人性美的"老战兵"滕四叔,一直留在他脑海中。他刻画了许多人物,在文坛掀起巨澜,那个"老战兵"一直活在他笔下。

难忘的三个晚上

1956 年冬,53 岁的沈从文回到了湘西老家。他在吉首过了三个难忘的夜晚。

他这次回家,对家乡的歌声迷得要命。在他很小的时候,也曾唱过苗家的歌,他唱不好,也曾听别人唱过,似懂非懂。如今,他要把自己祖辈的宝贵文化遗产继承下来。

这次回家时间紧迫,白天访亲探友,晚上,在苗寨,在风景秀丽的清水江岸,在银色月光下,他如醉如痴地听着、记录着。

第一天,他记下了那独树一帜的《苗族古歌》。

苗族俗话说:"前人不摆古,后人忘了谱。"每逢过苗年等盛典节庆,苗族老人和歌手,都喜欢传唱古歌。这里有对民族历史与伦理道德的继承,还有讲述开天辟地、万物来源等神话的活动。那个晚上,人们分坐两边,一问一答,此起彼伏,直唱到月上西天。

第二个晚上,沈从文记录下一首《枫木歌》,这是一个美丽的传说:

枫树干生下妹榜妹留,她俩与水泡沫结婚,生下十二个蛋,分别孵出姜央、雷公和龙、虎、蛇、蜈蚣等动物。后来姜央与雷公不和,雷公发了大水,滔天而来,洪水淹没了人间。幸亏姜央的后代葫芦兄妹得救。后来兄妹配婚,繁衍人类。

他们唱得优美感人,朴素自然。沈从文从中受到了艺术的感染,汲取了浓郁的生活气息。

最新鲜的是在第三天晚上,苗家的歌用另一种形式表达。那不是唱,而是说,叫做"理词"。

有一首《议榔词》就是说的歌儿:

"天上恨老鹰,地下恨强盗,恨虫蛀柱子,恨猪拱菜园,恨牛撬圈门,恨人乱地方,半路杀人……我们应该集中地方,团拢村寨,肠子一根,蹄子一个,走一条路,过一座桥,头扭一边,脚立一处。……我们对这种人,要整他像滤灰,捶他像春药,不痛他不晓得悔改,不死他不知道厉害。"

这说出的歌,真是振振有词,毫不含糊地阐明了苗家人维护什么,反对什么,提倡什么。

沈从文在回北京的路上,回忆着这三个晚上的收获,笑得像个天真的孩子。

9700 元加 300 元

1981 年,沈从文应邀访问美国后,他和夫人张兆和又一次回到故乡。

离别凤凰县几十载,他无时不在眷恋着家乡,那秀丽的山山水水,那深情的一草一木,牵动着他的赤子之心。

回到家,他到磨坊,磨坊传出吱吱的响声,他去水车旁,水车传出哗哗声;他站在吊脚楼下,吊脚楼依旧老样子……

他又携夫人来到他最留恋的小学校。沈从文曾在这里读过 6 年书,以后当兵离开家园。整整半个世纪过去了,家乡的教育事业还不发达,教室是简陋的平房,道路坎坷不平,设备很陈旧,甭说现代化的教学设施,教学连简单的投影幻灯都不具备。

沈从文这个朴实的苗家后代,心中翻起了浪涛,他在盘算着。

回到北京,他去银行取出《沈从文文集》的 9700 元稿酬。这是一笔不小的数目了。他好久没添置新衣服了,也难得去一趟馆子。自己常常吃热馒头夹猪头肉,这就算很好的“改善”伙食了,来了客人,也不过是一顿炸酱面。

“你该添件像样的衣服啦,兼任那么多所大学的课,得有套西装。”夫人劝道。

“下次吧! 这笔钱我想捐给‘边城’小学。”

夫人没有提出异议,她太了解沈从文了。于是主动提出再加上 300 元,凑成 10000 元汇到家乡。

拥抱工作不放

沈从文从 1926 年起,就在北京《晨报》副刊、《小说月报》《现代评论》《新月杂志》发表作品,并写出大量文学作品。

后来,组织上安排他到中国历史博物馆当一名普通的工作人员,沈从文欣然服从安排。

他干什么工作都十分踏实,全身心地投入进去,他是个永远不知疲倦,拥抱工作不放松的人。

按上下班时间,规定工作8小时,可是他却要天天辛勤地工作十几个小时。

当初中国历史博物馆还设在故宫的午门楼上。这种文物重地不准生火、点灯。

北京的三九天,朝阳迟迟未出,寒风嗖嗖地吹着。沈从文顶着朔风,踏着星光便去上班。他身着灰布棉袄,常常两手捧块才出炉的白薯,站在天安门前边一个避风的角落里倒来倒去地暖手,等候警卫逐一开门。

工作时,他天天在陈列室、库房文物堆中转来转去,对千万种文物一一细加研究。他完全投入到工作中,沉浸在文物考察之中。

那时,中午下班以摇铃为准,往往当管理员下午上班打开库房门时,才发现沈从文又被锁在屋里,而他头也不抬地正聚精会神地记录材料。

那位负责关门的人,抱歉地说:"真对不起,把您锁在屋里了。"

沈从文愕然地站在那里,面对向他道歉的人,莫明其妙,半天才搓着手,笑着说:"是我不好,没听见动静,没按时离开,我该向您道歉。"

后来,他凭着记忆和惊人的毅力,写下了周总理嘱咐他编写的《中国古代服饰研究》一书的补充材料。

沈从文回到北京,准备把补充材料加进原稿。没想到。原有的几十万字手稿连同卡片、资料通通荡然无存。

沈从文面对这残酷的事实,毫不气馁,他重新拿起笔,一点一滴地收集、整理,废寝忘食。

这本浸透心血的《中国古代服饰研究》终于问世了。他真是一个永远拥抱工作不放松的人。

不息的水声

1989 年,86 岁的沈从文告老还乡。他回到了苗寨,回到生他养他的土地上。他在家乡长眠了,静静地睡在青山碧水环绕的故园。

眼前的沱江,显得格外肃穆,低着头默默来去,到了城外听涛山下,徘徊不前了。

不息的水声在呜咽,他为这位苗家的儿子洒泪。

70 年前,他远离边城,告别父老乡亲,只身入洞庭,下长江,闯进京城。

不几年,他竟叩开文学之门,登上文学殿堂,把文坛搞得沸沸腾腾,震得颤动起来。

70 年后,他回到日思夜想的家乡,静静地享受一份故园的温馨。

他一生爱水,曾用那清新的笔触,写下那水边诉不完的哀乐故事。如今,他听着家乡醉人的水声,永远地安息了。

沈从文的墓碑上,刻着他亲笔题的字:"照我思索,能理解我;照我思索,能认识人。"

人们站在他简朴的墓前,回顾着他一生的为人,咀嚼着他的文字,认识了沈从文,认识了人生……

睿智学者钱钟书

钱钟书(1910—1998),现代文学研究家、作家,字默存,号槐聚,曾用笔名中书君,江苏无锡人。因他周岁"抓周"时抓得一本书,故取名"钟书"。

少年生活

因为伯父没有儿子,按照惯例,钱钟书一生下来就过继给了伯父。

钟书4岁时，伯父教他认字。6岁，送入秦氏小学，不到半年，因为一场病，伯父让他待在家不再上学。后来进私塾，伯父又嫌不方便，干脆自己教钟书。上午伯父出去喝茶，给一铜板让他去买酥饼吃，给两铜板让他去看小人书。钟书经常跟伯父去伯母娘家，那有一个大庄园，钟书成天贪玩，耽误些功课；伯母娘家人都抽大烟，总是半夜吃夜餐，生活无规律。一回来，父亲见钟书染上许多坏毛病，大骂钟书，但他总不当着其他孩子的面骂。钟11岁，考取东林小学，而伯父不久也去世了。尽管父亲负责

钱钟书

他的学杂费，但其他开支无法弥补，没有作业本，他就用伯父钉起的旧本子；笔尖断了，他就把竹筷削尖替用。钟书14岁考上桃坞中学，父亲在清华大学任教，对钟书的作文始终不满意，他从此用功读书，阅读了大量的书，渐渐地他可以代父亲写信、写诗，父亲的脸上终于露出了得意的笑容。

幽默才子

1929年，钱钟书考入清华，立即名震校园，不仅因为他数学只考了15分，更主要的是他的国文、英文水平使不少同学佩服得五体投地。他到清华后的志愿是：横扫清华图书馆。他的中文造诣很深，又精于哲学及心理学，终日博览中西新旧书籍。最怪的是他上课从不记笔记，总是边听课边看闲书或作图画，或练书法，但每次考试都是第一名，甚至在某个学年还得到清华超等的破纪录成绩。

孔庆茂的《钱钟书传》中曾写到一则趣事：同学中一位叫许振德的男生爱上了一位漂亮女生，在课堂上就不住地向女生暗送秋波，钱钟书本来上课就不听讲，他把许的眼睛向不同方向观看的眼神变化都画了下来，题为《许眼变化图》，没等下课就把画传递给其他同学，一时在班上传为笑谈。直到若干年后，居住在美国的许振德每提起旧事，还禁不住哈哈大笑。这也许是钱钟书最得意的绘画作品。

1933年钱钟书从清华外文系毕业，校长亲自告诉他要破格录取他留校，陈福田、吴宓等教授都去做他的工作，想挽留他，希望他进研究院继续研究英国文学，为新成立的西洋文学研究所增加光彩，可他一口拒绝道：整个清华没有一个教授有资格充当钱某人的导师。

珠联璧合

1932年春，杨绛考入清华大学研究院不久，就知道已是三年级本科生的钱钟书的赫赫大名了。钱钟书名气真大，新生一入校便都会知道他。但他的架子太大，一般低年级的学生根本不敢冒昧去拜访他，所以许多新生都觉得他很神秘，更想一睹他的风采。

1932年春天，在一个风光旖旎的日子，杨绛结识了这位大名鼎鼎的同乡才子。杨绛初见钱钟书时，他穿着一件青布大褂，一双毛布底鞋，戴一副老式大眼镜。钱钟书的个头不高，面容清癯，虽然不算风度翩翩，但他的目光却炯炯有神，在目光中闪烁着机智和自负的神气。而站在钱钟书面前的杨绛虽然已是研究生，却显得娇小玲珑、温婉聪慧而又活泼可爱。钱钟书侃侃而谈的口才，旁征博引的记忆力，诙谐幽默的谈吐，给杨绛留下了深刻的印象。

两人一见如故，谈起家乡，谈起文学，兴致大增，谈起来才发觉两个人确实是挺有缘分的。1919年，8岁的杨绛曾随父母到钱钟书家去过，虽然没有见到钱钟书，但现在却又这么巧合地续上"前缘"，这不能不令人相信缘分！而且钱钟书的父亲钱基博与杨绛的父亲杨荫杭又都是无锡本地的名士，都被前辈大教育家张謇誉为"江南才子"，都是无锡有名的书香世家。真所谓"门当户对，珠联璧合"。当然最大的缘分还在于他们两人文学上的共同爱好和追求，性格上的互相吸引，心灵的默契交融，这一切使他们一见钟情。

撰写围城

《围城》是钱先生唯一的长篇小说，也是一部家喻户晓的现代文学经典。有论者认为是现代中国最伟大的小说之一。《围城》内涵充盈，兼以理胜于情，是小说中的宋诗。所谓"围城"，如书中人物所说，是脱胎于两句欧洲成语。英国人说："结婚仿佛金漆的鸟笼，笼子外面的鸟想住进去，笼内的鸟想飞出来，所以结而离、离而结，没有了局。"法国人的说法是：结婚犹如"被围困的城堡 fortress besieged，城外的人想冲进去，城里的人想逃出来。"本书的主人公方鸿渐本来不知道有"围城"之说，然而，当他听人说到"围城"，并且经过后来的坎坷，便对人生万事，都有这个想法。"围城"是对一种人生情境的形象概括，也是对一种心理意态的巧妙把握。"围城"所描绘的，乃是人类理想主义和幻想破灭的永恒循环。古往今来，多少人都是从自以为天佑神助开始，而从意识到造化弄人结束。《围城》中时起时伏，处处申说的，都是理想的不断升腾和一再破灭。经常是事将成矣而毁即随之，浪抛心力而已。许多人终身处于"围城"境遇而不察，因此，"围城"完全可以作为人类身处困境、屡遭挫折的象征。钱钟书先生旁观浮生，思虑沉潜；指点世态，寄慨遥深，以形而下示形而上，使读者对人生恍然如有所知。本书风格幽默，妙譬可人，读之颇可领略汉语文字的丰赡粹美。

艺术巨擘

人民音乐家聂耳

聂耳,是每个中国人都耳熟能详的名字,雄壮的《中华人民共和国国歌》的乐曲就谱自这位天才音乐家之手。郭沫若曾赞誉他是"中国革命之号角"。聂耳23岁短暂生命中留下的乐章,奏响了中华民族解放的最强音,激励着一代代国人"前进! 前进! 前进进!"

音乐与革命的启蒙

1912 年 2 月 15 日,聂耳出生于云南玉溪一个贫苦的中医家庭。他自幼生性活泼,除了在校认真读书外,对音乐、戏剧、文学、美术和体育都有着广泛的爱好。1918 年,聂耳就读于昆明师范附属小学。利用课余时间,他自学了笛子、二胡、三弦和月琴等乐器,并开始担任学校"儿童乐队"的指挥。1922 年,聂耳进入私立求实小学高级部,1925 年,考取云南省立第一联合中学。

聂耳

聂耳上中学时,正值中国革命形势急剧变化的时期,中共云南地下党在学校开展工作,传播革命思想。聂耳从 15 岁就开始读马克思的论著,还写了不少读书笔记。1927 年,蒋介石叛变革命,昆明也笼罩在一片白色恐怖之中。1928 年 3 月 28 日,聂耳亲眼目睹了共产党员赵琼仙老师英勇就义的情景。同年,聂耳加入了中国共产主义青年团,在团省委负责人李国柱的领导下,参加了印刷散发传单、上街游行示威、到监狱里探望革命志士等活动,这使得他在血与火的斗争中不断成长。

聂耳从云南省立第一联合中学毕业后,进入云南省立第一师范学校。在校期间,他与友人组织"九九音乐社",经常参加校内外的演出活动。

为改造社会而生

1930 年 7 月,他只身来到上海"云丰申庄"当店员,具体工作是采办、包装和寄发纸烟,由店里供给食宿,起初一段时间没有任何工资,生活是非常清贫的,但聂耳仍然坚持抽空学习英语和革命文艺理论。

到上海两个多月后,经玉溪老乡郑易里等人介绍,聂耳加入了党领导下的反帝大同盟,投身到反对帝国主义的行列中。后来有了一点工资,他就买了《音乐入门》和《口琴吹奏法》等书进行自学。

1931 年 3 月,聂耳报考了黎锦辉主办的"明月歌舞剧社",并成为乐队练习生。在歌舞班里,聂耳除了担任乐队伴奏外,还经常在节目中扮演各种角色。聂耳曾连续 4 天每天演出 3 场,全身大汗淋漓,但总共才得到 6 元钱的报酬。他在日记中写道:"资本家的剥削,着实无微不至啊!""细想一下,这种残酷的生活,也不亚于那些工人大汗淋漓地在那高温下机械地苦作。"

1932 年"一·二八"事变,聂耳亲眼目睹了日本帝国主义在上海的侵略罪行。他曾经跑到战火弥漫的闸北一带拍摄照片,结果被没收了胶卷,还差一点被日军抓走。后来,他又领着歌舞剧社中的一些人,到前线去慰问英勇抗敌的十九路军将士。

同年 4 月,聂耳通过革命戏剧家田汉与党组织取得联系。在党组织的关怀下,他下决心用音乐这把武器为革命事业作出更多的贡献。这段时间,聂耳参加了许多社会活动,在报刊上写了一些关于电影和音乐的评论文章。7月22日,他以"黑天使"的笔名,在《电影艺术》杂志上发表了《中国歌舞短论》。文章指名批评了中国歌舞的鼻祖黎锦辉所宣扬的"为歌舞而歌舞"的观点,抨击了他为追求票房价值迎合小市民阶层的趣味,演出麻醉青少年的香艳肉感的歌舞。文章刊出后,马上在"明月歌舞剧社"引起了很大的震动。8月5日,社里召开全体大会,不许聂耳参加。有人还大骂他"吃里爬外,忘恩负义"。当时,聂耳在日记中写道:"我着实不该和这般没有希望的人去鬼混,我要做的事多着呢!我是一个革命者……"从此,他离开了"明月歌舞剧社",另谋出路。

1932年,20岁的聂耳在写给他母亲的信中,回答他母亲向他提出的婚姻问题时很明确地说:"我是为社会而生的,我不愿有任何的障碍物阻止或妨害我对社会的改造,我要在这人类的社会里做出伟大的事业。"

茁壮成长的革命者

1932年9月14日,聂耳去报考国立北平大学艺术学院,但没有被录取,于是他又去向外籍教师托诺夫学拉小提琴。9月中旬,上海左翼剧联的负责人赵铭奕写信将聂耳介绍给北平剧联。北平剧联负责人于伶去云南会馆找到聂耳,让他为剧联办的《戏剧新闻》撰稿,并约他参加剧联的演出活动。之后,聂耳接连参加演出了《夜店》《起来》和《血衣》等剧目。

10月28日晚上,清华大学毕业同学会为给东北抗日义勇军募捐,特邀剧联的"芭莉芭剧社"(俄语"斗争"的音译)到清华大学演出。当聂耳在舞台上用小提琴演奏《国际歌》时,台下有一部分右派学生起哄捣乱,还往台上丢石子,把担任钢琴伴奏的人都吓跑了。聂耳却鼓足勇气,在多数观众的鼓励和保护下,一直坚持把这首曲子拉完,赢得了这场斗争的胜利。

在北平的这段时间,在党的直接领导下,聂耳参加了许多革命活动,党性有了进一步提高。其间他郑重提出申请,要求加入中国共产党。但因时间仓促,来不及办理手续。北平剧联党组织专门写了一份聂耳在北平的表现情况,带给上海剧联,希望左翼剧联尽快为他办理入党手续。聂耳从北平回到上海后不久,就投入到党领导下的电影战线工作中。他先来到联华影业公司担任"场记",并于1933年初由田汉和赵铭奕同志介绍,在白色恐怖最险恶的日子里,加入了中国共产党。

吹响"中国革命之号角"

1933年夏天,聂耳为影片《母性之光》创作了一首电影插曲《开矿歌》,这是聂耳写的第一首表现工人阶级斗争意识的歌曲。在联华影业公司工作这段时间,聂耳还先后在《城市之夜》《小玩意》《体育皇后》《渔光曲》等影片中,扮演账房先生、小提琴手、卖油炸臭豆腐的小贩、体育运动会上的医生、船夫等角色。11月12日,国民党反动派"蓝衣社"的匪徒用法西斯的手段砸毁了摄制进步电影的联华影业公司。聂耳由于积极参加各种革命活动,又率领公司工会与资本家进行过针锋相对的斗争,因此,公司借口他需要"休养身体",将其解雇。1934年4月1日,聂耳根据党组织的安排,进入了英国人经营的"百代唱片公司"工作。期间,他组建了一个"百代国乐队",灌制了他创作的《金蛇狂舞》《翠湖春晓》等7首民族器乐合奏曲。在今天,《金蛇狂舞》和《翠湖春晓》已被国际音乐界视为中国民乐的经典作品。

1934年6月,由田汉编剧、聂耳作曲的歌剧《扬子江暴风雨》在上海上演。聂耳兼任导演和主演,他在剧中扮演打砖工人老王。他高超的表演艺术,获得了当时报刊舆论的一致好评。聂耳为这部歌剧创作的歌曲《码头工人歌》《打砖歌》《苦力歌》(后改为《前进歌》),也开始在群众中传唱。同年,党领导下的电通影片公司成立,聂耳为公司拍摄的第一部影片《桃李劫》作了著名的主题歌《毕业歌》。后来,他又为电影《大路》创作了《大路歌》和《开路先锋》等歌曲。1935年初,聂耳进入联华二厂担任音乐部主任,为影片《新女性》创作了《新女性》组歌。田汉的三幕话剧《回春之曲》在上海公演时,聂耳又为这个话剧创作了《告别南洋》《春回来了》《慰劳歌》《梅娘曲》等 4 首插曲。同年 3 月，聂耳听说电通公司将拍摄影片《风云儿女》，有个主题歌需要作曲，他便主动去找编剧夏衍同志。看完歌词后，聂耳说："作曲交给我，我干。田汉先生一定会同意的。"很快，聂耳就拿出初稿，定稿是聂耳到日本后完成的。这首歌就是后来响遍大江南北、闻名全世界的《义勇军进行曲》。在聂耳创作《义勇军进行曲》时，他耳闻目睹了无数革命者和战友在中华民族生死存亡的危急关头英勇献身的事迹，那一幕幕都涌现在他的脑海里，使他满腔的激情像火山似的喷发出来。他把对祖国、对人民、对党的热爱，对帝国主义和国民党反动派的满腔仇恨，都全部凝聚在这首杰出的革命战歌当中。就是这首歌，随着影片《风云儿女》的上映唱遍了全中国，给抗日战争中的中国人民以极大的鼓舞。新中国成立后，这首歌被定为《中华人民共和国国歌》，至今仍激励着一代又一代的中华儿女为民族的伟大复兴而奋斗。

永远的精神丰碑

1935 年 4 月，随着白色恐怖的加剧，党组织为了保护聂耳这个年轻有为的战士，批准他出国先到日本暂避一个时期后，再去欧洲和苏联学习。聂耳在日本的三个月，从来没有节假日，也没有星期天，每天的日程都安排得满满的，总是不知疲倦、满腔热情地学习、工作。他就像一个火种，不断地播撒着革命文艺的种子。在这段时间里，他观摩过很多音乐、戏剧、舞蹈、电影作品，还应邀在东京中华青年会馆为中国留日学生做过报告。回到住处，他还要连夜记日记、写评论。同时聂耳先后从东京寄回《日本影坛一角》《法国影坛》《苏联影坛》等多篇评论文章，发表在上海的文艺刊物上。

7 月 17 日下午，聂耳去藤泽市鹄沼海滨游泳时不幸溺水身亡，年仅 23 岁。一代音乐天才就此陨落，但是他留给世人的却是永不磨灭的精神丰碑。

剧作家郭沫若曾给予聂耳高度的评价，他说，聂耳是"中国革命之号角,人民解放之鼙鼓""其所著《义勇军进行曲》,闻其声者莫不油然而兴爱国之思,庄然而宏志士之气,毅然而同趣于共同之鹄的。聂耳乎,巍巍然其与国族并寿而永垂不朽乎!"

今天,当雄壮的国歌响起时,人们依然记得它的作者聂耳为了国家和民族的利益所做的巨大贡献。聂耳和他的精神将永远在一代又一代中国人民的身上传承、绵延。

绝代风华梅兰芳

梅兰芳(1894—1961),名澜,字畹华,乳名裙姊。汉族,生于北京,祖籍江苏泰州。出身于梨园世家,擅长旦角,扮相端丽,唱腔圆润,台风雍容大方,被称为旦行一代宗师。他刻苦学习昆曲,苦练武功,广泛观摩旦角本工戏和其他各行角色的演出,经过长期的舞台实践,对京剧旦角的唱腔、念白、舞蹈、音乐、服装、化妆等各方面都有所创造发展,形成了自己的艺术风格,世称"梅派"。代表戏有《宇宙锋》《贵妃醉酒》《霸王别姬》《洛神》《穆桂英挂帅》等。

梅兰芳

梅兰芳不仅艺术成就卓越,还是我国向海外传播京剧艺术的先驱。他曾于 1919 年、1924 年和 1956 年三次访问日本,1930 年访问美国,1935 年和 1952 年两次访问苏联进行演出,获得盛誉,并结识了众多国际著名的艺术家、戏剧家、歌唱家、舞蹈家、作家和画家,同他们建立了诚挚的友谊。他的这些活动不仅增进了各国人民对中国文化的了解,也使我国京剧艺术跻身世界戏剧之林。梅派与斯坦尼斯拉夫斯基系、布莱希特系并称为世界三大表演体系。

梨园世家的接班人

1894 年的清朝，正值中日甲午战争时期，战火不断。但是，在远离炮火的都城北京，人们还是习惯停留在庙会、戏园子里，在歌舞升平中寻求一丝心理的安慰。

这一年的 10 月 22 日，在李铁拐斜街梅家老宅里，梅兰芳出生了。家人为这个孩子取名为澜，字畹华，寓意"希望这个小生命似兰花般静好"。

像其他的孩子一样，小梅兰芳也喜欢整日玩耍，趴在草丛里捉蛐蛐儿，追逐夏日里的蜻蜓。快乐的日子总是过得很快，转眼间，梅兰芳 8 岁了。作为这个家庭的传人，学戏，成了他没有选择的选择。带着对无拘无束生活的留恋，梅兰芳来到戏班子拜师学艺。初到戏班的他资质平平，刚开始时，简单的四句老腔愣是学好几个小时还是唱不下来，气得先生说："祖师爷没给你这碗饭吃。"就是这番话"激"起了一代大师的最初的决心——一定要学出个样儿来。

从那以后，街坊邻居们几乎每天清晨都能听到一个清脆稚嫩的练嗓声。数九寒冬，朔风呼啸，什刹海冰面上，总有一个瘦小的身影在那里"操练"——踩跷、踢腿、打把子、跑圆场……为了练好跷功，梅兰芳在一条长板凳上放上一块砖，再将双脚绑在两根木棍上，站到砖上。开始练时，战战兢兢，痛楚异常。一会儿工夫就支持不住了，只好跳下来。慢慢地，从一炷香的时间，到两炷香的时间，梅兰芳站得越来越稳，腰腿也就越来越有劲了。拿大顶是从艺的基本功，练习时间一长人就会头晕、呕吐，但梅兰芳挺住了，一练就是几个小时，有时竟昏倒在排练场上。见证了小梅兰芳这段成长经历的人，无不称赞这个孩子的倔劲和韧劲。

为了维持生计，梅兰芳一面学艺一面登台表演。上了台，就要摸爬滚打专心演戏，下了台，就站在后台观摩学习。别人唱戏的唱腔、亮嗓、精彩的地方他都一一记在心里，仔细揣摩，从不懈怠。

宝剑锋从磨砺出，梅花香自苦寒来。几个寒暑后，梅兰芳的演戏技艺有了长足的进步。

走红上海滩

1911 年的一个秋日，《玉堂春》在北京"文明茶园"上演。在如泣如诉的琴声中，一位身段婀娜、扮相美丽的演员从后台袅袅走出来。刚一亮嗓，宛如莺啼的嗓音就惊艳四座，让观众听得如醉如痴。这位演员正是17 岁的梅兰芳。

与以往不同的是，这次的唱腔不是观众熟悉的老腔，而是经过改进的新腔，梅兰芳将新腔演绎得淋漓尽致，以至于喝彩声不绝于耳。试唱新腔获得成功，梅兰芳凭着惊艳四座的表演在当年京剧演员评选的"菊榜"上一举摘得探花。

北京是梅兰芳小试锋芒的地方。他真正红遍大江南北，是从上海开始的。

在老上海闹市中的四马路上，坐落着当时著名的丹桂戏院。1914 年11 月 4 日这天，梅兰芳早早就来到化妆间扮戏，他的心里有点紧张，这是他来到上海的第一场戏。但是上场后的感觉很快让他平静下来，甚至有点兴奋和愉快：半圆形的新式舞台（和老北京戏园子里那种有两根柱子挡住观众视线的旧式戏台相比，真有天壤之别），陌生的地毯和雪亮的电灯。他试着凝神亮了一下嗓，结果台下观众报以热情的叫好声。当用了比较新颖的唱腔唱出"也有那士农工商站立在两旁"时，更是一阵掌声迎着他的尾音涌向台上的梅兰芳，他惊喜异常。更让他欣慰的是，上海观众对他俊雅的扮相、新颖的唱腔、切合人物的表演非常赞赏。就这样，梅兰芳在上海一炮打响，接下来的两天戏演得更是红红火火，上海的戏迷们争先恐后地来听他的戏。此后几年，梅兰芳多次到上海演出，每场都精彩迭出。一次，梅兰芳唱《黛玉葬花》更是博得满堂彩——"质本洁来还洁去，不教污淖陷渠沟。一朝春尽红颜老，花落人亡两不知"，当时的观众认为梅兰芳扮的黛玉"真比黛玉还黛玉"。很多观众惊叹梅兰芳的演绎让他们惊为林黛玉转世,舍不得他谢幕离场。当时巷间流传的一句话——"讨老婆要像梅兰芳,生儿子要像周信芳",形象地说明了梅兰芳的受欢迎程度。

开创梅派

到上海演出多了,上海的话剧、京剧时装新戏以及剧场改革等新思潮对梅兰芳产生了很大的影响,激发起他尝试着变革的心理,梅兰芳开始了艺术革新的征程。他把青衣和花旦融为一体,不仅"唱戏",而且要"演人物"。他尝试增添乐器二胡,丰富旦角的伴奏。他还尝试变戏曲为"舞蹈",在《嫦娥奔月》里,他慢舒水袖轻抛眉眼;在《黛玉葬花》中,他手持镰锄一步一环;在《霸王别姬》中,他的剑舞潇洒又不失柔美。他的表演出了神入了化,不知不觉中丰富了京剧旦角的表演艺术。他的扮相雍荣华贵、典雅大方,嗓音清亮甜润,腔调自然。梅兰芳的艺术革命涉及到了表演的诸多方面,可谓博大精深。这期间,梅兰芳迎来了他的艺术造诣炉火纯青的顶峰时代,他在多年舞台实践中逐渐形成了独树一帜的"梅派"艺术。

1930年春,梅兰芳率团赴美,在纽约、芝加哥、旧金山、洛杉矶等市献演京剧,获得巨大的成功。梅兰芳的戏,彻底地改变了美国人对中国戏剧的看法,也改变了对中国人的看法。当时美国的报纸评论称:"中国戏不是写实的真,而是艺术的真,是一种有规矩的表演法,比生活的真更深切。"

蓄须明志

就在梅兰芳轰轰烈烈地进行艺术变革探索时,日本侵略者的铁蹄开始在中华大地肆虐。1931年震惊中外的九一八事变发生了,梅兰芳作为一个中国人的爱国情怀也被调动起来。他编演了京剧《抗金兵》和《生死恨》,以戏示今,号召国民抵抗侵略者。

九一八事变后，在日本人扶持下，伪满洲国成立了。在伪满洲国成立前，日本人想利用梅兰芳的名望拉拢安抚国民，梅兰芳断然拒绝。日本人派人告诉梅兰芳说，梅家三辈都受过清朝的恩典，赶上成立新政府的时机，自然应该前去庆祝。梅兰芳拒绝了。他说，清朝已经灭亡，溥仪先生不过中国一个国民，倘他以中国国民的资格庆寿演戏，他当然可以参加。如今他在敌人手下，另成立一国，乃国家之仇，他怎么能够给仇人去演戏呢？

日本人并没有就此放弃利用梅兰芳为他们服务的想法。此后，历经占领上海、香港乃至汪伪政权成立，也都打过梅兰芳的主意。但是梅兰芳都以身体有病、年岁大了不能登台演出等理由回绝掉了。在这期间，梅兰芳还正式宣布退出戏曲界，他特意蓄起胡须（留了胡子的男人扮不了旦角），决意不给日本人和汉奸卖国贼演出。他对友人说："别瞧我这一撮胡子，将来可有用处。日本人要是蛮不讲理，硬要我出来唱戏，那么，坐牢、杀头，也只好由他了。"

为了不给侵略者和汉奸演出，梅兰芳这一别舞台就是八年。1945 年抗战胜利了，日本侵略者宣布无条件投降，梅兰芳剃掉了蓄了八年的胡须，换上了整洁的西装，脸上露出了灿烂的笑容。他重新登上舞台，虽然有一个适应的过程，但是他实现了曾对一位朋友说过的话——"总有一天会教日本军阀垮台，到那天，我剃了胡子重新登台。"

梅兰芳在抗战期间断然蓄须明志，不为民族的敌人演出，表现了一个中国人不屈不挠的刚强骨气。他一生不断探索，以半个多世纪的舞台艺术实践，为京剧艺术的继承、革新、发展作出了重要的贡献。

中华人民共和国成立后，梅兰芳先后当选为全国人民代表大会代表，中国人民政治协商会议全国委员会常务委员，中国文学艺术界联合会副主席、中国戏剧家协会副主席，先后任中国戏曲研究院、中国戏曲学院、中国京剧院院长，1959 年 7 月加入中国共产党，为祖国的社会主义建设作出了多方面的贡献。

梅兰芳先生是中国表演艺术的象征,是我国人民的骄傲。

国画宗师齐白石

齐白石生于 1864 年,卒于 1957 年,湖南湘潭人。原名纯芝,小名阿芝,名璜,字渭清,号兰亭、濒生,别号白石山人,遂以齐白石名行世;他是 20 世纪十大画家之一,世界文化名人,是我国 20 世纪著名画家和书法篆刻家。曾被授予"中国人民艺术家"的称号,荣获世界和平理事会 1955 年度国际和平金奖。代表作品有《花卉草虫十二开册页》《白石草衣金石刻画》等。

木匠苦学技艺

1864 年 1 月 1 日,齐白石出生在湖南湘潭杏子坞,8 岁开始入蒙馆读书。齐白石出身寒门,读书不到一年,便辍学在家,砍柴放牛。9 岁那年齐家租种十几亩田,与人合养了一头牛。齐白石常一边牧牛,一边砍柴、拾粪,还一边温习旧读的功课。有时只顾读书,竟忘了砍柴。《白石自状略》曾记:"一日王母曰:'今既力能砍柴为炊,汝只管写字。俗语云,三日风四日雨,哪见文章锅里煮。明朝无米,吾孙奈何?惜汝生来时走错了人家。'"此后,齐白石上山总是先把书挂在牛角上,拾满了粪,砍足了柴,再读书。有不懂处,便在下山时绕

齐白石

道外祖父家请教。就这样读完了大半部《论语》。13 岁时因他身体虚弱,干不了田里的重活,家里就想让他学一门手艺,以备将来养家糊口。恰

巧,齐白石有一位本家叔祖是专门给别人家盖房子、做桌椅板凳和农具这类粗活的木匠。这年年初,父亲就提出来让齐白石跟他学木匠手艺。

木匠活儿是苦力活儿。瘦弱的齐白石扛不动粗重的木头。时间不长,师傅见他干不动重活儿,就把他打发回家了。这时,有人说闲话:"阿芝哪能学得成手艺?"自尊心很强的齐白石听见后暗下决心,一定要干出个样儿来。

16岁时,齐白石投师到周之美门下,改学雕花木艺。雕花木艺比盖房子那些木匠活儿更加精细。齐白石看着生动的花样子,打心眼儿里喜爱。他学得很有兴致。师傅见徒弟聪明好学,也教得格外认真。

转眼三年过去了,从齐白石手里出来的花样子越来越生动精致,刀法运用自如。他还特别将平日里自己所画的花卉果实加入到代代相传、一成不变的传统图案中,又根据乡里人喜闻乐见的吉庆词儿勾摹出许多人物故事,创造了许多有意思的新花样,很受人们的喜爱。渐渐地,他成了方圆百里内小有名气的"芝木匠"。

《芥子园画谱》

20岁那年,齐白石随师傅外出做活时,在一个主顾家里无意间见到了一部乾隆年间翻刻的《芥子园画谱》。《芥子园画谱》也就是当时的绘画教科书。齐白石仔细翻阅之后,发现里面的图画自己也能画,如获至宝,遂把书借回家。夜晚,齐白石不忍睡,伴着油灯,用薄竹纸一幅幅地勾影,如痴如醉。他将用过的薄竹纸钉在一起,半年过去了,一共攒了16大本。一页页翻看,纸上的花样一点点逐渐生动、活泛起来。从那以后,齐白石做雕花木活儿,就用画谱作依据,既能花样出新,画法又合规则。这为他后来绘画打下了良好的基础。

拜师学画

齐白石正式学画时,已是27岁了。这一年,齐白石拜胡沁园、陈少蕃为师。拜师后，他就住在胡家。他意识到，自己不能像其他人那样学画，只有争取一切时间加紧学习。自己必须快马加鞭，一天当两天，甚至当三天四天，他不顾疲劳，不顾身体，一个劲儿拼命学。

齐白石跟陈少蕃读《唐诗三百首》，因为有小时候的基础，只用了两个月的时间就把诗文一字不差地背了下来。接着，齐白石又读了《孟子》、唐宋八大家古文、《聊斋志异》等。他一边读书，一边跟胡沁园学画。胡沁园向他传授了许多作画的理论，还把自己收藏的古今名人字画拿出来，让齐白石仔细临摹，同时，又介绍齐白石向湘潭名画家谭荔生学习画山水。

在两位老师的悉心教导下，齐白石的书画大有长进。读书学画也让他眼界渐宽，画艺渐长。他收起斧锯钻凿，拿起画笔，决定卖画养家。乡间的事物成了他画作中的常客。别的画家不屑于理会的锄头、铲子、小虫、青蛙甚至老鼠都跃然于他的画中。他的画朴素自然，一见就仿佛闻到来自乡村的气息，听到孩童们稚嫩清脆的歌谣。

然而在 57 岁那年春夏间，齐白石的家乡发生了兵事，家乡谣言四起，有碗饭吃的人，纷纷另谋避难之所。他迫不得已辞别了父母妻子，携着简单行李，独自动身北上。正是由于这次变动，齐白石有了艺术人生的重要转折。

"海国都知"的老画家

齐白石到了北京，住在法源寺庙内。远离故乡的夜更加难熬。齐白石想起父母妻子、亲戚朋友，远隔千里，不能聚首一处，辗侧枕上，往往通宵睡不着觉。刚到北京的时候，他没有名气，也不被社会接受。平日里卖画刻印，只可以勉强维持生计。

正在齐白石孤单地飘零在外乡时，他遇到了平生的知己陈师曾。"我那时的画，学的是八大山人冷逸的一路，不为北京人所喜爱，除了陈师曾之外，懂得我的画的人，简直是绝无仅有。"齐白石在自述中说道。

此后，陈师曾应邀去日本参加中日联合绘画展览会，携带齐白石花卉、山水数幅,供展览出售。没想到,画一挂出来,便销售一空,花卉每幅卖了100银币,二尺纸山水更是卖到了250银币。不仅如此,法国人也拿了齐白石和陈师曾的画,准备参加巴黎展览会。日本人还专门为他们拍摄了纪录片,在东京艺术院放映,轰动一时。

消息传来时,齐白石大喜过望,乘兴赋诗一首:曾点胭脂作杏花,百金尺纸众争夸。平生羞杀传名姓,海国都知老画家。

10 年谢客闭门变法

在齐白石这个岁数,其他的画家早已急于守成,作品少有,更别说是改变画风,追求陌生的艺境,唯有他。他发誓言说:"余作画数十年,未称己意。从此决定大变,不欲人知,即饿死京华,公等勿怜,乃余或可自问快心时也。"

"扫除凡格总难能,十载关门始变更",正是他在 1920 年到 1929 年之间以超出常人的意志和精力,用 10 年时间关门谢客、潜心研究的写照。齐白石不断摸索适应自己才秉、气质和学养的艺术道路。从原来刻意追求和摹仿前辈大师,到信手拈来任意发挥;从疏朗冷逸,到热烈厚重,齐白石的变法经历了一个痛苦而漫长的过程。到 1928 年,"十载关门"的齐白石在花鸟画上变法的新风格已经成熟,他的艺术在这一刻破茧而出,大放异彩,他从此进入了一个"一花一叶扫凡胎,墨海灵光五色开"的自由境界,带有强烈齐白石个人符号的"红花墨叶"派画风开始独步画坛。

师法自然,匠心独具,融入自我,齐白石的变法不是简单的、形式上的变,而是一场荡气回肠、轰轰烈烈的裂变。

斗转星移,齐白石从一个乡村木匠到一个艺术上的多面手,诗书画印无一不精,花鸟、山水、人物无一不能。他曾说:"作画妙在似与不似之间,太似为媚俗,不似为欺世。"正是这样一个不欺世媚俗、执着追求的艺术大师,才给后人留下了一件件和谐奇趣、寓意无穷的传世佳作。

"豫剧皇后"常香玉

常香玉,原名张妙玲,豫剧表演艺术家。出身艺人家庭的她,9岁随父亲搭班学戏,拜翟燕身、周海水为师并随义父姓改名为常香玉。

泪洒演艺路终成一代大师

1923年,常香玉出生在河南省巩县(今巩义市)南河渡镇董沟村一个穷苦的家庭,那时,谁也不会想到这个叫张妙玲的小女孩儿日后会成为享誉中国的"豫剧皇后"。常香玉的父亲张茂堂曾是一名老艺人,但因为嗓子坏了,再不能登台演唱。一家人以何为生,是最令他锥心刺骨的事情。当时一家人常常一天只能吃一顿饭,常香玉甚至跟母亲一起要过饭。

常香玉

9岁的时候,家里曾想过把常香玉卖做童养媳,但是她的两个姑姑都是做童养媳被人家打死的,因此常香玉的父亲狠了狠心,说:"还是让娃跟俺学戏吧,学出来了,她就有碗饭吃,学不出来,被我打死了,也好过做童养媳被人家打死。"就这样,一代豫剧大师开始了她的演艺生涯。

"戏是苦虫,非打不成。"在常香玉记忆中,学戏的路上洒满了泪水。因为学戏,她没少挨父亲的打。"练不好就打,唱不好就打,不用功就打,给你交代任务完不成你偷懒就打。"学戏的艰辛一直留存在常香玉的记忆中。在下着大雪的冬天,靠住墙倒立,苦练基本功是常事。常香玉甚至曾经觉得"不如去要饭,要饭吧你拿个碗,他给你一碗饭吃吃,不至于这么受罪挨打"。父亲有一次把香玉踹到了地上,打得满脸血肉模糊,被农会的人看见了,非说香玉是他拐来的。他们怎么也不相信,亲生父亲能把自己的孩子打成那样。可正是这种近乎残忍的磨炼,让常香玉练就了一身过硬的本领。

1935年、开封,这两个词对常香玉有着非同寻常的意义,这一年常香玉的演艺生涯正式步入正轨。《曹庄杀妻》——这是常香玉在开封的第一场戏,那时的她还是一个垫戏的小字辈,剧情中的一个“屁股蹲儿”被常香玉做得干净利落,加之追打时的“小翻”“劈叉”等等,赢来观众阵阵喝彩。虽是垫戏,却让常香玉实实在在地演出了名气。凭着之前父亲和诸位师傅近乎残忍的打磨,不到两个月的时间,还是“小妮子”的常香玉便凭借文武不挡、生旦俱佳的出色技艺,崭露头角,由垫戏改为中轴,成为太乙班的主演之一。

艺术的成就在于不断的追求,常香玉的父亲非常清楚,女儿常香玉要成为大唱家,必须要有自己的戏。1937年,在剧作家王振南、史书明等与父亲的扶持下,中州戏曲研究社成立了。不久,常香玉的“代表作”《六部西厢》应运而生,前两部常香玉饰演闺门旦应工的崔莺莺,后四部饰演花旦应工的红娘。一经出演,观者如潮。1938年,为宣传抗日,豫剧史上第一出现代戏——王振南编剧的新戏《打土地》在中州戏曲研究社上演。同年,常香玉因病不能再演武戏,遭遇挫折的她并没有因此离开舞台、舍弃艺术,反而潜心钻研青衣、花旦表演和说白的改革,为日后新派别的创立奠定了坚实的基础。

陪伴常香玉走在艺术道路上的,除了父亲还有一个很重要的人,那就是她的丈夫陈宪章。1943年,应河南名士、宝鸡河南同乡会会长黄自芳之邀,常香玉在宝鸡河声剧院演出黄自芳编剧的新戏《灯节缘》。在剧评会上,年仅27岁才华横溢的陈宪章引起了常香玉的注意。同年5月,因不堪宝鸡青红帮头子李樾村的欺负,常香玉愤而吞金自杀,幸被救下。陈宪章在抢救常香玉的过程中,起到了不可替代的作用。慢慢地,两人的感情日益加深。1944年6月3日,常香玉与陈宪章结为连理,结婚仪式在西安东大街正大豫饭庄秘密举行。从此常香玉不仅有了生活中相濡以沫的伴侣,而且事业上有了一个相辅相成的好帮手。

对艺术的追求不仅体现在对作品的高要求上,更体现在对戏曲长远发展的谋划上。1948 年,在极其艰难的情况下,常香玉夫妇节衣缩食,招集豫籍流陕的难童,创建"香玉剧校",后改为香玉剧社,为新中国培养了大批优秀演员。

新中国成立后,常香玉在为保家卫国"捐机义演"的同时,带领剧社将豫剧传播到了全国。至此,标志一个艺术流派形成的四大要素:天赋与师宗、代表剧目、传承人及观众群等均已具备,一个风格独具的豫剧艺术流派已宣告形成,那时她还不满 30 岁。

"她一辈子就是这样:戏比她的生命还重要,你让她丢掉什么都可以,就是不能丢掉戏。"常香玉的女儿常小玉曾经这样回忆自己的母亲。常香玉的演艺生涯并非一帆风顺,但正如女儿所说,她对戏曲的热爱与追求从来不曾减退。"吊嗓子她都没有一天不练的,后来她老的时候,都不参加什么演出了,但她还是天天练,在病床上也不忘吊嗓子。她从没有觉得她的戏观众都认可了就可以不练了,她的戏版本都不一样,因为她演着觉得有要改动的地方,一直都创新。"常小玉回忆说。

正是这样的坚持与努力,让常香玉的戏常看常新、常看常精,"豫剧皇后"是对常老最好的注释。

烽火连天中的"爱国艺人"

1950 年,抗美援朝战争爆发,全国上下掀起抗美援朝的热潮。对祖国饱含深情的常香玉和她的剧社竭尽所能,为抗美援朝、保卫祖国做贡献。

1951 年 6 月,中央人民广播电台播发了一条来自朝鲜前线的消息:中国人民志愿军某高地遭受百余架敌机狂轰滥炸,全连战士壮烈牺牲,举国震惊。当时年仅 28 岁的常香玉听到广播后辗转反侧,悲愤难眠。次日一早,她对丈夫陈宪章说:"咱俩是经历了旧社会苦难的艺人,是新中国让我们挺直了腰杆。现在美国发动侵略战争，企图扼杀咱新中国，朝鲜战场上志愿军打得很艰难，咱能不能为他们做点事?"陈宪章说："我们武器装备落后，美国就是凭着先进武器才这么猖狂的，咱就想办法为志愿军捐一架飞机吧!"就这样，夫妻俩决定用义演募捐的方式为志愿军将士捐献一架战斗机。

在今天提起捐飞机，很多人仍惊讶于常香玉的勇气，常香玉的女儿常小玉向大家还原了母亲当时的想法："她首先想到的是现在这么好的生活不能丢了。过去受的苦难太多了。她回想了很多，过去国民党的军队怎么欺负她，不把艺人当人看的种种，就像过电影一样，她的想法很单纯，就是觉得不能回到过去的生活。"对于女儿常小玉来说常香玉的奉献已经成了最寻常的事情，"她的想法都很简单，就是淳朴的爱心，觉得自己可以帮忙，就去帮忙了。"

当年下定决心后，常香玉便拿出多年积蓄，又卖掉了香玉剧社唯一的一部卡车和自己的房子，作为捐献义演的基金。为了不影响演出，她把三个不满10岁的孩子送到托儿所，带领59名演员踏上了义演募捐的征程，并公开宣布：剧社的演职员不拿一分钱报酬，所有义演收入全部用于为志愿军购买飞机。

观众被常香玉的爱国热情所感动，踊跃地把自己的积蓄投入到募捐箱中。常香玉率领剧社在各地演出，场场爆满。

为了早日凑足买飞机的钱，她与大家一起吃大锅饭、睡地铺，日夜兼程到各地义演。截至1952年2月7日，香玉剧社通过在开封、新乡、武汉、广州、长沙等城市的180多场演出，总共募捐到15.27亿元，常香玉和她的香玉剧社终于实现了为志愿军捐献一架飞机的愿望，飞机被命名为"香玉剧社号"。

常香玉和香玉剧社为志愿军捐献飞机义演的活动，在全国产生了巨大的影响，她也因此被称为"爱国艺人"和"爱国主义的典范"，她的名字更是传遍大江南北。

唱戏先做人　无德艺不立

"德艺双馨"是常香玉一生的追求。亲身感受到旧社会"戏子"地位的低下,新中国刚成立就被选为妇女代表的常香玉感慨万分。她始终对同行热情相助,对观众满怀激情,与人民共同脉动,用自己的艺术人生践行着德艺双馨。

为了报答党和人民的厚爱,香玉剧社的演出一直坚持"三三三制":三个月在农村,三个月在工矿,三个月在部队,为最基层的观众巡回演出。

在基层,她曾经忍饥挨饿为大家表演。豫剧团曾下放到河南商丘的王坟大队,每天只发7个玉米面夹菜的馍馍,吃不饱,肚子整天饿得咕咕叫,但每天傍晚村头戏台准时出演的"花木兰"却让当地群众一直念念不忘……

常老一生视奉献社会为人生乐事,她的儿女回忆说,我们只记得妈妈每次捐钱的时候都特别开心。事后,她总是像孩子一样幸福地对我们说:"你们知道吗,一个人在做完好事之后,心里会特别踏实,不发慌,晚上睡觉特别香!"这就是大师的境界,大师的胸怀。

对女儿来说,常香玉算不上一个好妈妈,"过去她只顾着演戏,家里一切都是父亲操劳,她基本上什么都不会做",但对观众和人民她却什么都要做到。

只要是为人民而演,哪怕是病入膏肓,她都要拖着病躯赶来。2003年12月23日,80岁的常香玉身患癌症在北京住院,当得知奥运场馆建设工地上有场专门慰问家乡农民工的演出时,她拔掉输液管,在家人的搀扶下登上舞台,不顾身体虚弱清唱了一段《柳河湾》,成为一生的绝唱……

2004年6月1日,著名豫剧表演艺术大师常香玉永远地离开了梨园艺坛,告别了被其视为生命的豫剧艺术。"她在临终前清醒时一直嘱咐我们要好好做人,国家的事情是大事,人民的事情是大事,不要做危害国家和人民的事情。生老病死是正常的事情,不要张扬和悲伤。"常小玉对母亲最后时光的回忆再次让我们看到了一代艺术家人格的伟大。

从颠沛流离中走上舞台到"开宗立派"、享誉全国，常香玉用不懈奋斗成就了自己；从寄人篱下、四处乞讨到全国巡演、"捐机卫国"，常香玉用无私奉献回馈着祖国。"木兰"已逝丹心在，舞台上的常香玉永远离开了我们，但她身上的奋斗精神与崇高品质将永存于后人的心间。

幽默大师马三立

1984年3月9日晚9点，天津第一文化宫大剧场灯火通明，座无虚席。这里，正举行一场名人荟萃的义演，是为孩子，为兴建市青少年活动中心而筹募资金。

曲艺界的演员先后登台，大厅内掌声雷动。

"最后一个节目，"报幕员小姐在灯光照耀下，用清亮的嗓音激动地说，"由享有盛名的老演员马三立为我们演出。"

话音刚落，全场三千名观众以雷鸣般的掌声欢迎这位幽默大师上场。

马三立

马三立身着灰色长衫,如一棵飘摇的杨柳,在春风吹拂下,来到麦克风前。干瘦的脸庞,只有鼻子大而引人注目。沉陷的双眸透出机敏和狡黠,两片薄嘴唇微微带笑,左右平展的招风耳透着滑稽。

大家太熟悉他了,太喜欢他了。当他伸出柴棒一样的大手,招呼自己的"上帝"时,台下又是一阵山洪暴发似的巨响。

谁也看不出,谁也没料到,几个小时前,马三立的患难妻子惠敏,突发心脏病。这种病,有生命危险,应该马上送医院,并且不能离开人。

"快去医院吧,救人要紧。"女儿流着眼泪说。

"爸爸,今儿个的演出,我替您。"大儿子马志明央求着。

病人呼吸微弱,双眼紧闭,嘴唇发紫。

马三立不住地吸烟,双眉紧蹙。

犹豫之中,马三立仿佛看到了三千双渴望的眼睛、三千对支楞起来的耳朵。他毅然掐灭了烟,声音沙哑得令人担忧:"今天的演出,我得去。如果是平时,我可以告假,今儿个是为孩子们义演,我说完一段,马上回来……"

马三立说一不二,全家人不言声了。

他往外走,马志明紧随身后。万一年迈的父亲在台上支撑不住,马志明可以顶上去。他从小就把父亲说过的相声,全背个滚瓜烂熟。

马三立有八个孩子(五女三男),志明是长子。三个儿子小时候,转着圈地围着爸爸,吵着长大要当相声演员。马三立偷偷观察,唯有志明更具备说相声的才能。他选中大儿子了。

"不能让自己的儿子糟蹋相声这门艺术。"马三立这样说。

此时,马志明站在帷幕旁边,眼睛盯着父亲的表演。他泰然自若,和以往上千场演出一样,认真、专注。台上,谈笑风生;台下,屏息倾听,时而掀起一阵哄然大笑。

马志明看着看着,眼圈红了。这就是自己的爸爸,这就是爸爸的人品,这就叫艺术。他那瘦削的形体忽然显得悲壮,有力度,忽然变得无限高大,令人敬仰。

马三立是好丈夫、好爸爸、好党员,更是一位好演员。

他孩子多,特别爱孩子。年节,总要为孩子们说上几段。

他多次去工读学校看望演出,第一句话总是说:"我是你们大家的家属,我来给你们说几句……"马三立的眼神、口气,那不急不躁、不喊不叫的声音,一下子打动"有髭儿的"孩子的心。多强硬的失足少年,都要心软,偷偷弹去腮下的泪滴。

马三立爱孩子,爱艺术,是因为他从苦难中走过来,他有一部辛酸的苦难史。

苦难伴随他长大

1914 年,农历八月初六,北京一个穷苦回民艺人家里,又降生了一个小生命。他的母亲因为营养不良,一病不起。小三立刚满 2 岁,就死了亲娘。骨瘦如柴的孩子,被送到嫂母家寄养。

没有了童年,没有了欢乐,没玩过一件玩具,没尝过一次甜甜的糖果。

6 岁时,父亲才把三立接回家,家中有了嘴馋、手懒、心狠的后娘。在重压下,三立没笑过,胆子也变得很小。

12 岁那年,父亲让他上学。"多识点儿字,念点儿书,明儿学相声能超过你爹!"

马三立每天除了上课,回家就跟父兄学"段子",起早贪黑地背词儿。

旧社会,学艺要挨打,叫"打戏"。常有受不住打的,逃跑或寻死。三立也没少受罪。

他常常把段子背得滚瓜烂熟,词儿准,"包袱"抖搂准,这对一个小孩子,够难的了。可父亲还要让他反复琢磨、理解。有一点儿不够味儿,大人们就用藤条抽、竹棍打。小三立太瘦了,皮包骨头,挨了打就一个人偷偷擦眼泪。为了少挨打,他加倍用心钻研。

多亏父兄们的严格要求，否则，他的功夫怎么会那么"瓷实"？他更感谢父亲，挣钱不容易，可是供他念完了初中。旧社会，一般相声演员都没文化，只认点儿字就行了。三立算是他们家族里文化最高的，加上他爱看书，"开窍"早，所以被称为相声界的"文哏"。

在旧中国，说相声的被看作"下九流"。他受尽有钱人的凌辱。日伪军占领东三省时，他挨过日本宪兵的大嘴巴。那时，他嘴角流着血，眼里流着泪，心想：什么时候能挺直腰杆做人呀！

获得新生

金鸡报晓，大地回春。1949 年 10 月 1 日，中华人民共和国成立，中国人民从此站起来了。

北京解放时，到处鞭炮齐鸣，锣鼓声、欢呼声响成一片。一向喜欢静、不贪热闹的马三立，走进了欢庆解放的游行队伍，笑着扭起了大秧歌。

刚解放那阵子，马三立经常在电台广播里说相声，不像现在的电视屏幕，可以看到人物形象。因为大家爱听马三立的相声，有人专门等在电台门口，看看他长得什么样儿。一位老先生见了马三立说："嘿，长得就滑稽，说得更'哏儿'，听相声就听你的，过瘾！"

1951 年，美帝国主义发动了侵朝战争，一下子把战火烧到了鸭绿江边。我们的志愿军战士，"雄赳赳，气昂昂"地去抗美援朝。

当时第一批文艺工作者，赴朝演出了，有的在战火中牺牲。

马三立第一批没赶上，第二批该报名了，他说什么也要去，他知道战士们需要他。

来到朝鲜，在前沿阵地，真是枪林弹雨，战火的硝烟呛得人喘不过气儿。

马三立守在山洞里，只要战士们一休息，他就一个连一个地说；有时在密林覆盖的山坡上，他拿出全部热情，能一气儿说五段，志愿军还是听不够。

马三立玩命地说,他知道,只有在笑声中,才能使最可爱的人忘记流血、牺牲,忘记对祖国和亲人的思念。这就是艺术的魅力。

一次,他随志愿军转移。首长要求每人用树枝做成"帽子",掩体前进。忙乱中,马三立忘了戴"帽子"。

这时,首长正在巡查。来到马三立跟前,刚要批评,一看是他,扑哧一声笑了。

可是马三立因为自己不守纪律,感到非常内疚。他连忙从兜里掏出两片树叶,一只手举在头上;一只手遮住眼睛。那样子和神态,简直像个犯错误的小学生,周围战士都笑了。

1955年,马三立应邀到北京,在政协礼堂为毛主席和周总理演出。当时天津曲艺团阵容特别大,光说相声的,在全国有知名度的就不少。

马三立能来北京为首长演出,是因为他有独到之处。他一上台,慢慢悠悠地说起来,慢不说,声音还小,就像聊天。听完了,看完了,赚一肚子笑,形成了马派风格。

年近八旬的马三立,越活越精神,越老越忙。他不仅仍然给老少观众说相声,除了演出,他还常被邀去讲座,他讲相声艺术,讲语言技巧,讲漫画与幽默,还讲表演艺德和养生之道呢,几乎成了不挂名的教授。

如果在广播或电视节目里,你赶上听马三立的相声,那可真算幸运。《卖假药》中,当纸包儿一层一层打开,最后露出个纸条:"挠挠",包你乐得五脏翻个,六腑荡气,而且,什么时候想起来,什么时候能扑哧一下乐出声儿来。

科学英杰

科学英雄陈景润

这曾是一个举世震惊的奇迹：一位屈居于 6 平方米小屋的数学家，借一盏昏暗的煤油灯，伏在床板上，用一支笔，耗去了 6 麻袋的草稿纸，攻克了世界著名数学难题哥德巴赫猜想中的"1＋2"，创造了距摘取这颗数论皇冠上的明珠"1＋1"只是一步之遥的辉煌。

创造这个奇迹的正是我国著名数学家陈景润。

咬定青山不放松

陈景润 1933 年 5 月 22 日生于福建闽侯。因家境贫寒，所以在学校常受到同学的欺负，他知道，只有好好学习，争口气，长大才能有出息，那时同学们就不敢欺负他。所以，他擦干眼泪，继续学习。此后，他再也没流过泪，把身心所受的痛苦，化为学习的动力，所以努力学习。在中小学读书时，就对数学情有独钟。一有时间就演算习题，在学校里便成了个"小数学迷"。成绩一直拔尖，终于以全校第一名的成绩考入了三元县立初级中学。

陈景润

陈景润最感兴趣的是数学课，一本课本，只用两个星期就学完了。在学习的过程中，沈老师讲了一道有趣的古典数学题："韩信点兵"并介绍了中国古代对数学的贡献,说祖冲之对圆周率的研究成果早于西欧 1000 年,南宋秦九韶对"联合一次方程式"的解法,也比意大利数学家欧拉的解法早 500 多年。沈老师接着鼓励说:"我们不能停步,希望你们将来能创造出更大的奇迹,比如有个哥德巴赫猜想,是数论中至今未解的难题,我们把它比做皇冠上的明珠,你们要把它摘下来!"课后,沈老师问陈景润有什么想法,陈景润说:"我能行吗?"沈老师说:"你既然能自己解出'韩信点兵',将来就能摘取那颗明珠:天下无难事,只怕有心人啊!"那一夜,陈景润失眠了,他立誓:长大无论成败,都要不惜一切地去努力! 偏好数学的他记住了沈老师的这段话:自然科学的皇后是数学,数学的皇冠是数论,哥德巴赫猜想则是皇冠上的明珠。这个在世界数学史上鲜有人能够挑战的课题深深地吸引了陈景润。

进入厦门大学读书后,陈景润在学习上更加刻苦,连晚上熄灯后休息时间也有很大一部分被都用来看书。为了不影响室友休息,他在被窝里用手电筒照明读书。这种习惯,一直持续到他工作多年以后。

毕业后,陈景润有机会回到厦门大学做研究工作。这期间,陈景润完成了论文《塔利问题》,改进了时任中国科学院数学所所长华罗庚在对垒素数论中的某些结果。华罗庚听说后,很高兴,将他调入中国科学院数学所,当时陈景润只有 24 岁。

进入数学所后,陈景润发现有机会"触摸"在他生命中十分重要的哥德巴赫猜想了,因为那时所里成立了专门的哥德巴赫猜想讨论组。他加入其中,开始向着攻克哥德巴赫猜想的方向出发。

当时数学所条件不是很好,几个人共用一个宿舍。为了更好地工作,他独自搬进了一个仅有 6 平方米的锅炉房,里面只有一张木板床,没有桌子和椅子。这张木板床就成了陈景润的工作台——工作时被子掀到一边就算是一张桌子。国外科学家拥有高速的电子计算机,陈景润只有一支笔,复杂的科学演算全靠笔算。但对于这一切,陈景润毫不在乎,他乐此不疲,痴迷于他的数学研究。功夫不负有心人,1966 年 6 月,他在中国科学院的刊物《科学通报》第十七期上发表了他关于哥德巴赫猜想的研究成果,这一成果是迄今为止关于哥德巴赫猜想的最好的研究成果,简称"1+2"。为了证明这个命题,陈景润写出了200多页的论文。由于《科学通报》的篇幅有限,全文并没有刊登。

四年里,他不仅把自己关在这个6平方米的小黑屋里,也紧紧关上了爱情的大门。这四年也是陈景润创造辉煌的关键时期,他简化了此前自己给出的哥德巴赫猜想"1+2"的证明过程,将论文长度从原来的200多页减到了100多页。

1973年,《中国科学》杂志正式发表了陈景润的完整论文《大偶数表为一个素数及一个不超过两个素数的乘积之和》,即哥德巴赫猜想"1+2"。直到他成功之后,人们才发现他床底下有三麻袋多的草稿纸。更让人觉得不可思议的是,1965年,布赫斯塔勃等证明"1+3"用的是大型高速计算机,而陈景润证明"1+2"是独自一个人,完全用手工计算!陈景润凭着不懈的追求和惊人的毅力书写了数学史上的传奇。

世界著名的数学家哈贝斯特坦从香港大学得到陈景润论文的复印件,立即将陈景润的"1+2"写入他与黎切尔特合著的专著中,并把这部分内容命名为"陈氏定理"。此前,为了等待陈景润对"1+2"的完整证明,他们把已经排印好的该书的出版日期推延了数年之久。

美国著名的数学家阿·威尔在读了陈景润关于哥德巴赫猜想"1+2"的论文以后,充满激情地评价:"陈景润的每一项工作,都好像是在喜马拉雅山山巅上行走。危险,但是一旦成功,必定影响世人。"

他的恩师华罗庚得知情况后,激动地说:"我的学生的工作中,最使我感动的是'1+2'。"

位卑未敢忘爱国

一石激起千层浪,陈景润攻克"1+2"的消息使他名扬海内外。1979年1月,陈景润应美国新泽西州普林斯顿高等研究院院长沃尔夫博士的盛情邀请,首次出访美国。

那里丰富的数学研究资料和信息,使精通英语的陈景润犹如进入神话中的"太阳岛",他恨不得节约每一分钟每一秒钟,用于学习和研究。

他没有去任何地方游玩,整天泡在书房、办公室、图书馆。为了节省时间,陈景润买了一大桶牛奶,整箱面条和鸡蛋。他每天的伙食就是:牛奶煮面条加鸡蛋。

四个月之后,陈景润飞回北京。面对到机场采访的中外记者,陈景润宣布:把在美国做研究工作节省下来的 7500 美元,全部捐献给国家。

陈景润是认真的,回到数学所,他就把一本存折交给了领导。钱以活期形式存在美国的花旗银行,随时可以取用。7500 美元,在当时可不是一个小数目,它是陈景润靠吃面条节省下来的!它凝聚着陈景润的一腔心血,更凝聚着陈景润对祖国的赤子情怀。

中国"克隆先驱"童第周

童第周 1902 年 5 月出生在浙江省鄞县,是享誉海内外的卓越的生物学家、教育家、中共党员。生前曾担任过中国科学院副院长、动物研究所所长。他是卓越的实验胚胎学家,中国实验胚胎学的主要奠基人,20 世纪生物科学研究的杰出领导者。

童弟周

效实中学的两个"第一"

童第周小的时候,因为家境不好,没钱供他上学,所以,尽管童第周十分盼望有一天能走进学校,与同伴们一起学习,可是不行。直到他 17 岁那年,在哥哥的帮助下,他才进入了宁波师范预科班。这里不用交学费,还管食宿,穷人家的孩子能在这儿上学,是很幸运的。童第周十分高兴,他抓住这个得之不易的机会,刻苦学习,不放过一分一秒。因为以前只是在私塾里学过一点儿文史知识,没有一点儿数理方面的基础,所以童第周学习起来非常吃力,但他并不气馁,而是更加努力地学习,他要赶上别人。

不仅如此,在他内心深处,还为自己确立了更高的目标——他要考效实中学。该校是当时宁波第一流的学校,毕业生一般都能进大学。多少达官贵人,以自己的子弟在效实中学就读为荣!效实中学对英语要求很高,还十分重视数理基础,而这几门课恰恰是童第周的薄弱环节。而且,他从未学过英语。自从确立了要考效实中学的目标后,童第周更加用功了。他开始自学英语,常常学到深夜。哥哥被童第周的决心所打动,答应供他上学,还请在宁波的朋友为弟弟打听效实中学的招生情况。

哥哥的朋友从宁波给童第周带来了不利的消息:效实中学这次不招一年级新生,只招到三年级插班的优等生。哥哥想:就童第周的基础来说,本来考一年级就已经很费劲了,现在却只招三年级插班生,这可怎么办呢?哥哥犹豫不决,就去与童第周商量。听到这个消息后,童第周仍不改初衷,他一定要进效实中学,于是,他决定去考插班生。

小童第周终于考取效实中学,成为三年级的插班生,可是他的成绩全班倒数第一。面对成绩单,小童第周流下了伤心的泪水……

很快,童第周所在的寝室传出了"小童第周不顾学习,经常谈恋爱到深夜"的新闻,引起了关心他的同学和老师的担忧。一天深夜,教数学的陈老师办完事情回到学校,发现在昏黄的路灯下有个瘦小的身影在晃动,陈老师想:"深更半夜的,谁还不回寝室就寝呢?"陈老师带着疑问走过去一看,原来是童第周正在借着路灯光演算习题。"这么晚了你怎么还不回寝室休息呢?""陈老师,我要抓紧时间把功课赶上去,我不要倒数第一名。"陈老师望着童第周瘦小的身躯,关心地劝童第周回去休息,可是走出不远,童第周又站在路灯下捧着书本读了起来。陈老师被深深地感动了,他深深地理解童第周的志气,为自己有这样的学生感到自豪。

第二天,陈老师当着全班同学的面郑重地辟谣:"我明确地告诉大家,童第周是一个勤奋好学的人!凡事不要靠推测下结论,更不要用流言去中伤别人。特别是对于一个勤奋好学的人,更不能这样!"陈老师严肃地说,"我亲眼目睹了童第周熄灯后还在昏暗的路灯下专心致志地演算习题。他太辛苦,太勤奋了! 他值得全体同学学习!"陈老师最后提高了嗓门,"不错,童第周曾经是全班成绩最差的,但一个人的成绩不能仅仅用一次考试分数来判定。衡量一个人的知识和能力,最终要看他如何走自己的奋斗之路!"

期末考试到了,童第周又成了全校关注的对象。他终于靠自己刻苦的努力,使各科成绩都达到了 70 分,其中几何得了满分,引起了全校的轰动。

在自己的努力和老师的关心下,到高三期末考试,他的总成绩名列全班第一。校长陈夏常无限感慨地说:"我当了多年校长,从来没有看到过进步这么快的学生!"

后来童第周回忆自己童年的时候感慨地说:"在效实的两个'第一',对我一生有很大影响。那件事使我知道自己并不比别人笨,别人能做到的,我经过努力也一定能做到。世上没有天才,天才是用劳动换来的。"

1924 年 7 月,童第周在哥哥的支持下,考入复旦大学,从此,他开始了追求科学,献身科学事业的漫漫求索之路……

"我是中国人,我的知识应该为中国效力!"

1923 年,童第周考入上海复旦大学哲学系,他希望通过哲学来解答生命起源之谜,但是后来他发现哲学不能满足他对生命奥秘的好奇。而此时,时任复旦大学校长的郭任远一次有关"猫鼠实验"的演讲使他对科学研究产生了强烈的兴趣,并懂得了实验的重要性,"一切都要通过实验,通过实验打破前人的学说",这个观点也贯穿了童第周一生的科学活动。后来童第周又结识了生物学导师蔡堡教授,从此开始了胚胎学研究。

1930 年,比利时的比京大学著名生物学家布拉舍和达克的实验室来了一个 30 岁上下的中国留学生,或许是法语不好,或许是身材瘦小,总之,他不被人注意,他总是一个人在角落里,专心致志于每项细碎的工作。当时有一个青蛙卵的卵膜剥除手术,多年来没人能完成。蛙卵又滑又圆,捉都捉不住,一用力又破了。童第周的导师达克也没有做成功,很多研究工作因此无法展开,导师想到了平时一言不发的童第周,请他来试一试,没想到童第周一下子就剥掉了青蛙卵的卵膜。方法巧妙,动作精确,这一举动轰动了欧洲生物学界。1931年夏天,教授带着这位心爱的学生来到著名的科研中心法国海滨实验室,这次,要为直径不到十分之一毫米的海鞘卵子做外膜剥离,童第周再次顺利完成,童第周精湛的实验技术让云集此地的国际同行十分钦佩,也给当时在国际生物学界声誉极高的英国皇家学会会员李约瑟教授留下了深刻的印象。

童第周不仅用这双手,做了很多高难度的实验,也写出了很多漂亮的论文,当他最后取得博士学位的时候,已经是一个非常有名的实验胚胎学家了。童第周的老师达克教授曾劝说他:"你的国家这么困难,在这里我可以给你申请特别博士。"童第周却说:"不,我要回去,我是中国人!"在童第周看来,"要搞工作,应该回祖国去搞;有成绩,为什么要给别的国家?"就这样,童第周放弃了"特别博士"学位,放弃了布鲁塞尔优越的生活和科研条件,毅然回到了祖国。

携手并肩用爱照亮困顿中前进路

童第周回国后即和妻子叶毓芬来到国立山东大学任教,走上了科学报国,科学兴国的道路。可惜不久,抗日战争爆发,像所有的同胞一样,童第周和妻儿开始了颠沛流离的生活。几经辗转,1941年,童第周夫妇来到了同济大学任教,那时的同济大学因为战乱迁到了四川宜宾的李庄,流亡的生活虽然艰苦,但童第周仍然沉浸在科学实验中,只是条件太差了,连一台显微镜都没有。显微镜是童第周工作最起码的配备,但是流亡大学的实验室只是一个破庙,几张板凳。

后来有一次到街上的时候,在一间旧货店中,童第周发现了一个德国蔡司的双筒显微镜,他对此爱不释手,可惜却被标价六万元吓住了,童第周和妻子不可能买得起。但他却牵挂着这台显微镜,茶饭不思,经常跑到那个旧货店去看,每次离开都恋恋不舍。妻子叶毓芬了解丈夫对工作的渴望。作为童第周生活上的忠实伴侣,事业上的得力助手,她知道童第周的痛苦,于是把自己所有的首饰变卖掉,又向亲戚借了部分资金,终于买下了这台双筒显微镜,家里却为此背上了沉重的债务,直到十年后才还清。这台显微镜记录了一对风雨同舟的科学家夫妇深厚的爱情,也见证了那一代知识分子为了事业甘愿牺牲的精神。他们在一起四十多年,童第周一生的科研成果,百分之六十是夫妇俩共同完成的,因而他们被赞誉为中国生物界的居里夫妇。

"中国人,有志气!"

1942 年的一天,偏僻破败的李庄突然热闹起来。原来,来了一个金发碧眼的外国人,这个人就是李约瑟。他作为英国的文化参赞到中国来考察,而他来到中国,最想见到的就是当年那个给他留下深刻印象的小个子中国人——童第周。

李约瑟终于见到了童第周和他的实验室,但是眼前的一切让他惊呆了:实验室破破烂烂,没有电,不到二十平米,五六个人办公、做实验都在里面。破旧的桌子上只有一些简单、粗陋的设备,唯一称得上现代实验器材的只有那台双筒显微镜。李约瑟惊叹地问"你们怎么采光?"童第周笑笑说:"我们可以把桌子搬到外面,利用太阳采光。"李约瑟不能相信,自己近些年来在英国权威杂志上所看到的童第周关于胚胎发育的科研成果就是在这样艰苦、简陋的条件下取得的。李约瑟惊愕了:"布鲁塞尔有那样好的实验室,你为什么一定要到这样的荒地来呢?"童第周的回答非常简洁:"我是中国人。"李约瑟感慨万分:"对,对,中国人,有志气!"后来,李约瑟在回国途中,买了一台更好的显微镜送给了这位他所尊敬的中国科学家,也因此建立了他们保持一生的友谊。

当时的中国知识分子就是这样,即便是烽火连天,即便再艰难,他们也要和自己的国家在一起。更重要的是中国科学家的研究并没有因为战争而停顿。童第周就在是这样艰苦的环境下,把世界胚胎学的研究向前推进了一步。

"科学家不自己动手做实验就变成科学政客了"

中国科学院在青岛的海洋生物研究室位于青岛市莱阳路28号,大楼里那间10平方米的办公室兼实验室是童第周最喜欢待的地方。即使他后来调任山东大学副校长兼动物系主任,每星期他也必定抽出两天时间回到这里,甚至1960年他到北京中国科学院担任生物学部主任,每年春末夏初,他还是要回到这里。这种执着不仅仅是因为中科院青岛海洋生物研究所由他一手创办,更重要的是他要在这里做实验,在实验中探寻生命的奥秘,追逐科学的真理。

当时童第周的主要研究课题是关于脊髓动物文昌鱼的胚胎发育。美国著名胚胎学家康克林经过数十年的研究,才有了比较系统的认识,但是由于文昌鱼的卵子难以获得,并且体积很小,国际上利用实验方法对此进行研究者寥寥无几。

童第周便和他的同事们以锲而不舍的精神向这个课题发出挑战。文昌鱼每天傍晚产卵,从晚上六七点钟开始,童第周就和妻子叶毓芬带着一批学生,开始试验直到第二天凌晨两三点钟。每天,学生们赶到实验室看到的第一个人永远是童第周,他端坐在显微镜前,似乎和这些仪器一样成为实验室不可缺少的一部分。当夜色深沉,一连坐了几个小时的学生们感到疲累、困顿时,他们抬头依稀可见童第周端然凝坐的瘦小身影,顿时精神振作,困意全无。

显微镜下,一双灵巧的手,一根比头发丝还细的玻璃丝,在一个比小米还要小的鱼卵上,准确、敏捷并且娴熟地操作着。童先生那专注的身影深深地定格在了人们的脑海中,也成为人们对童先生最深刻的记忆。

从1958年开始,童第周陆续发表了一系列有关文昌鱼的研究成果,成为国际最权威的文昌鱼研究专家。他绘制的文昌鱼胚胎发育预定器官图谱,多年来被世界各国的胚胎学著作广泛引用。对这些独创性的成果,很多人建议他写本书,但是他拒绝了。他说:"写书牵扯到同一件事情的不同观点,要看很多资料,太浪费时间了,不如多做试验。"童第周不愿意在文献堆里打转,60多岁了,他还计划着抓紧时间开拓更多的、更新的领域。他说:"科学家不自己动手做实验就变成科学政客了!"

壮志未酬身先死　为国效力终有期

童第周不仅专注于理论研究,同时积极把理论研究应用于生产实践,用生物技术为他深爱的人民造福。在他的理论技术指导下,南方水产研究所开始用鲫鱼和鲤鱼移核,培养杂交鱼;云南种下了植入大豆蛋白的大米。

1979年3月6日,来参加浙江科学大会的人们都不会忘记这个日子。这天,著名生物学家童第周上台发表演讲,他说要用生物技术改善人类生活,他描绘的灿烂前景让每一个人心驰神往。突然,兴致勃勃的童第周一下晕倒在座位上。

他的心脏病发作了,人们慌忙把他扶下去。10分钟后,童第周坚持着走上讲台,作完报告,这也成为他人生中最后一场报告。缓缓走下讲台的童第周疲惫不堪,最终他还是拒绝了人们让他住院治疗的挽留,迅速赶回北京。他说:"已经到了春暖花开、鱼产卵的季节,我要回去安排工作。"

谁也没有想到,回到北京的童第周病情迅速恶化,被紧急送往医院,20多天后去世。

童第周为祖国科学事业的振兴,实践了自己的誓言:"愿效老牛,为国捐躯!"童第周走了,他的离去是中国科学界尤其是中国克隆界的一大损失,但是他的科学精神依然激励着中国科学家在科研的道路上继续前行。今天中国科学家继克隆鱼之后成功培育了克隆羊、克隆兔,克隆猪……这些科学家中有很多都是童第周的学生,这也许是对这位中国克隆第一人最好的纪念和精神传承。

"气象第一人"竺可桢

向学为国,终成"问天"第一人

竺可桢出生于浙江绍兴东关镇的一个粮商之家,父亲竺嘉祥因受到

"万般皆下品，唯有读书高"传统思想的影响，很希望自己的儿子也能以读书奔出个好前程。而自小秉性温和的竺可桢也不负所望，勤奋刻苦，聪明好学。1910年，竺可桢以优异的成绩考取了"庚子赔款"留学美国的名额。在那个晚清政府软弱无能的年代，"庚款留学"的代价是极大的。为了回报自己的祖国，竺可桢在填报专业时毫不犹豫地选择了农学，在他看来"中国以农业立国"，学习农学将来可以更好地报效祖国。可令他始料未及的是，美国当时的农业科学并不

竺可桢

发达，农业的体制和耕作方式也和中国不一样，而此时修改专业为时已晚。直到他毕业后，竺可桢才转到地理系，选定了一个与农业关系最密切的学科：气象学。

1918年，竺可桢以优异的成绩顺利完成学业，获得了哈佛大学气象学博士学位。归心似箭的他拒绝了美国多所高校的邀请，满心希望地踏上了归国的轮船。他憧憬着用自己的所学报效祖国，期盼着早日实现"科学救国"的理想。然而，他在美国留学的这些年，正是中国军阀割据、内战频繁的时期，整个国家在战乱中满目疮痍。

摆在竺可桢眼前的现实是残酷的。当时的中国仅香港和上海徐家汇有两座用于观测气候变化的测候所，却均由外国人控制，竺可桢很痛心，在他看来"夫制气象图，乃一国政府之事，而劳外国教会之代谋亦大可耻也"。而唯一由中国人自己管理的中央观象台却是一片衰败之象。即便这样，中央观象台还将竺可桢这样有着渊博知识的气象学家拒之门外。残酷的现实无情地打击着竺可桢，无奈的他只好选择去大学任教。

在南京高等师范学校任教期间，竺可桢建立了中国第一个地学系，在校园内那棵六朝古松下他建立了自己的气象站，无论是严寒酷暑还是

刮风下雨,他都和学生一起准时观测,详细记载每个天气要素,毫无疏漏。当时的中国还有一个人也同样认识到了气象的重要性,他就是蔡元培。1927年蔡元培创办中央研究院,便邀请竺可桢筹建中央研究院气象研究所并担任所长,这也成为落后的中国气象科学一次重要的转机。

竺可桢对筹建气象研究所倾注了极大的热情,经过反复的考察和斟酌,他把研究所定在了南京城中的北极阁。那时的北极阁是一片荒山,竺可桢便带头和同事们坚持年年种树,到抗战前,已种了10万棵树。为把这里建成现代气象研究基地,竺可桢建楼修路,甚至接自来水这样的事,都亲力亲为。今天北极阁内那条黄沙马路,那一砖一瓦,一草一树,无不见证着竺可桢在创建气象研究所的道路上呕心沥血的付出。

1930年元旦,中央气象研究所正式绘制东亚天气图,并发布天气预报和台风预报,这是中国人对自己的国土和海域,独立自主预报天气的开端。

统帅"文军长征"路

竺可桢原本可以在科学探求的道路上继续他的理想和事业。然而这位成绩斐然的科学家在1936年2月16日这一天突然停止了他18年的研究和已然开创的事业,走向另一段人生轨迹。

这一天蒋介石约见了他,要他去浙江大学任校长。在竺可桢看来"大学校长其职务之繁重10倍于研究所所长",自己很难也不愿意应付繁杂琐碎的官场应酬和千头万绪的行政工作,更重要的是他不想放弃刚刚略有起色的中国气象研究工作。然而妻子的鼓励,同僚的一句"浙省文化近来退化殊甚,需一大学为中流砥柱",最终使竺可桢决定接受浙大校长职务,只是竺可桢要求任期半年,他实在是不忍放弃自己的专业与特长。

1936年的4月7日,竺可桢被任命为浙江大学校长。这一天天气并不好,他在日记中写道:晨雷雨。上午有雾。午有雷。下午四点见阳光。晚又雨。玉兰盛开,杏花落,寓中白樱花开。也许,这阴晴不定的天气冥冥之中也预示着竺可桢的浙大校长之路将会十分坎坷。

当时的浙大应该可以算是全国最破败的大学了：图书馆藏书稀少，只有六万余册；教师队伍更是堪忧，国文、中国历史、外国历史均没有教授担课，还不断有教授辞职离开浙大。

在竺可桢看来"教授是大学的灵魂"，"假使大学里有许多教授，以研究学问为毕生事业，以教育后进为无上职责，自然会养成良好的学风，不断地培植出来博学敦行的学者"。在这样办学思想的驱使之下，竺可桢开始广寻良才，尤其对合适的学者更是倍加珍惜。

竺可桢初到浙大时，有一位教授费巩，极有才子气，一度对竺可桢不满，开教务会时，当面冷嘲热讽："我们的竺校长是学气象的，只会看天，不会看人。"竺可桢却微笑不语。后来，竺可桢不顾"只有党员才能担任训导长"的规定，认定费巩"资格极好，于学问、道德、才能为学生钦仰而能教课"，照样请他做训导长。

竺可桢惜才之心使他获得了极好的口碑和声誉。他任校长期间的浙大，可谓群英荟萃，既有王淦昌、苏步青、谈家桢、贝时璋等国际知名科学家，又有钱穆、马一浮、熊十力、丰子恺等人文大师。

很快竺可桢的半年任期就要到了，在时任北京大学校长的蔡元培的极力挽留下，竺可桢延长了"只做半年"的约期。就在一年后，竺可桢打算辞去校长之职时，历史已不容他重回气象研究领域，因为抗日战争爆发了，浙大与整个中国一样处在了风雨飘摇之中。1937年底，面对着岌岌可危的学校，竺可桢决定，领着全校一千多名师生走上"西迁"流亡之路。

学校从杭州迁往浙江建德，再由建德西迁到江西，后又到广西宜山落脚，最后到达贵州遵义，这就是中国教育史上有名的浙大"四迁"。和学校一起流亡的还有全校的近两千箱的书籍和教学实验设备。上千名师生"驮"着一个学校，在烽火连天的夹缝中艰难前进，然而每到一地，竺可桢第一件事便是让学生们结茅架竹，搭屋建棚，图书仪器一箱箱打开，按时开课。学生们黎明即起，朝阳之下，漫山遍野，朗诵默读。颠沛流离、艰苦困顿的流亡生活因为竺可桢的坚持和执着成为许多学生一生中最难忘的时光。

在贵州安定下来之后,竺可桢率先在浙大施行了当时在国外普遍使用的导师制;每个星期浙大都邀请国内外一流的学者讲学,贵州的山沟一时间也因为这所大学和世界联系了起来。也就是在这抗战最艰难的岁月里,竺可桢提出了浙大的校训:求是——排万难冒百死以求真知。这也成为流亡中浙大精神最好的诠释。

1946年,在经历了整整8年半的流亡之路后,浙大在竺可桢的带领下安然地回到杭州。学校奇迹般地从原来只有3个学院16个学系的大学,发展壮大成7个学院27个学系的大学,成为当时全国最完整的两所综合性大学之一,这所主要服务地方的学校,在抗战硝烟中崛起为"中国最好的四所大学之一!"

然而浙大崛起之后的代价却是竺可桢离他的气象事业越来越远了,当年这位在哈佛大学气象专业以优秀论文获得博士学位的学者竟然看不懂一篇气象学论文了。在竺可桢的日记里,他遗憾地写道:"十年校长,已成落伍之气象学家矣!"

不愿做大学校长,却做了最好的校长,而且一干就是十三年。

1949年,竺可桢60岁了。3月6日,浙大学生自发为校长举行祝寿晚会,学生为竺可桢做了一面旗,上面写了4个字——浙大保姆,以表达对这位殚精竭虑的校长的崇敬与感激。然而竺可桢没有参加晚会,也没有接受一件贺礼,没有人会想到他正面临着人生的一次重大抉择。为了躲避蒋介石政府要求他去台湾的命令,竺可桢离开了精心耕耘13年的浙江大学,悄悄地去了上海,他对这个腐败至极、软弱至极的国民党政府彻底失望了。

鞠躬尽瘁,只为"科技强国梦"

新中国成立后,竺可桢被推选为中国科学院副院长,承担领导全国科学事业规划和发展的重任。年已花甲的竺可桢毫不犹豫地挑起了这副重担,将下半生的全部心血都倾注到新中国的科学事业发展中。

在他的主持下,短短几年间,中国科学院取得了令人瞩目的成绩,研究机构由建院初期的 16 个增到 44 个,科技人员从 219 人增到 2496 人,为社会主义建设作出了不朽的贡献。

在繁忙的工作之余,竺可桢仍然坚持挤出时间,亲自到野外进行实地考察,获得第一手资料,以供科学研究所需。为了寻找治理黄河泛滥造成的洪水灾害的办法,竺可桢不远千里,率众沿黄河而上。虽因过度劳累和水土不服而病倒,但他仍坚持考察访问直到最后;为了考察水能、水利地质等自然资源、自然条件和经济状况,他又乘船由松花江顺流而下,东行西折北至苏联,行程数千里,穿梭在林海、草原、江河间,晓行夜宿,生活非常艰苦,他却毫不介意,感到其乐无穷;为了考察沙漠和海洋,年近古稀的竺可桢曾三次跑到沙漠,了解情况,指导工作,荒凉的腾格里沙漠和河套沙漠都留下他考察的身影。

"生命不息,工作不止。"这是竺可桢对周恩来总理作出的承诺,他也说到做到。1970 年后,80 多岁高龄、身体状况不佳的竺可桢仍一直忙于他的力作《物候学》的修订工作。《物候学》是竺可桢一生中的最后一部作品。此书一出版,畅销一空。香港《明报》有一篇文章评价说:"本书是历史文献结合科学观察的一部著作,把我国物候学带入了新的纪元。"

1973 年春节刚过,竺可桢肺病复发住进医院,在医院里他仍然留心观察着天气的变化,并且记录自己的病态发展。写日记是竺可桢多年来一直坚持的习惯,现存的竺可桢日记从 1936 年到 1974 年,连续 38 年,1 天未断,共计 800 多万字。直到他去世前一天,还用颤抖的笔记下了当天的气温、风力等。

1974 年 2 月 7 日凌晨,当人们还沉睡在梦乡里之时,竺可桢这位杰出的教育家、科学家溘然离世。"春蚕到死丝方尽,蜡炬成灰泪始干",正是对竺可桢一生最好的诠释。他释放了他生命之火的最后一分光亮,然后安详地睡去了。他的一生是奋斗的一生,是为科学教育而献身的一生。他用毕生的精力实践他教育兴国、科学救国的理想,为祖国的教育、科学事业鞠躬尽瘁,死而后已。

"中国近代力学之父"钱伟长

1941年夏,一个28岁的青年与他的导师辛吉(J.L.Synge)合作写出了世界第一篇有关弹性板壳内禀理论的论文。爱因斯坦看到这篇论文后说:"我这一辈子,就这个问题没有解决,我一直睡不好觉,一直在研究,还有东西没弄清楚。《弹性板壳的内禀理论》把问题弄清楚了。"

让爱因斯坦大受震动的这篇文章与物理学家爱因斯坦(A.Einstein)、麻州理工学院弹性力学家赖斯纳(Hans Reissner)、电子计算机发明者冯·诺埃门(Von Neumann)、板壳弹性力学教授铁木辛柯(S.Timoshenko)、应用数学权威柯朗(R.Courant)等赫赫有名的学术权威的文章出现在同一本文集上,发表在世界导弹之父——冯·卡门60岁的祝寿文集里。文集作者中只有一个人是青年,这个人就是钱伟长。

钱伟长

钱伟长是中国著名的力学家、应用数学家、教育家和社会活动家,是中国近代力学、应用数学的奠基人之一。作为中国科学院院士,他曾任上海大学校长,南京航空航天大学名誉校长,耀华中学名誉校长,中国人民政治协商会议第六、第七、第八和第九届全国委员会副主席,民盟中央副主席、名誉主席。

一段不完美的人生开局

1912年10月9日,钱伟长出生在江苏省无锡县七房桥镇一个贫困的书香世家。小时候,和别的孩子一样,他也曾在家附近的池塘里捉过虾、摸过鱼,为了生计,他还曾帮家里采过桑养过蚕、挑过花刺过绣。但是,他有一个和别的孩子不一样的大家庭——他的父亲钱挚和四叔钱穆(后成为中国国学大师)擅长中国文化和历史,他的六叔和八叔分别以诗词、书法和小品、杂文见长。在这些家人的影响下,他喜欢上了祖国浩瀚的文化。钱伟长在进小学以前就读过《水浒传》《春秋》《左传》《史记》和《汉书》等历史名著。

这个特殊的家庭背景某种程度上"救"了年轻的钱伟长。初中毕业后,祖母和母亲希望他尽快就业,去捧邮局职工、铁路员工之类的"铁饭碗",养家糊口。但是这一主张遭到钱伟长父亲和四叔的反对。渴望继续学习的钱伟长,为了减少奶奶和母亲的反对力度,就拼命帮家里干活。幸运的是,他和父亲以及四叔赢得了"胜利",最后还是争取到了读高中的机会。

侥幸升上高中的钱伟长学得很苦。在那个军阀混战的年代,他的小学和初中是断断续续的,因为经常遭遇停学逃难,11 年的小学初中生活,真正在学校读书的时间加起来不到五年。因此,他的数学只学了一点点,物理和外语也没有学过。

好在他遇到一个负责任的班主任严老师。严老师经常为他开小灶。在自修室熄灯后,钱伟长就和严老师一起到他的办公室挑灯夜读,高中三年养成的"开夜车"的习惯一直陪伴着钱伟长后来的科学研究。

也恰恰是这段磨难,练就了钱伟长吃苦耐劳、勇于担当、坚韧刚毅的品质。

大学路的改变

1931 年夏天,钱伟长高中毕业,他再次面临失学的境地。然而,机遇似乎很眷顾他这个有准备的年轻人。上海天厨味精厂创办人吴蕴初先生那年决定设立"清寒奖学金",以考试选拔补助家境清寒的高中毕业生上大学。钱伟长抓住了这个不可多得的改变命运的机会,他一个月内在上海分别参加了清华大学、中央大学、浙江大学、唐山铁道学院和厦门大学五所大学的入学选拔考试。原本是打算多争取被录取的机会,结果,钱伟长居然都考中了。在时任北大教授的四叔钱穆的指导下,他选择了清华大学。

那年 9 月 10 日,钱伟长走进了清华园。历史系的陈寅恪、中文系的朱自清和闻一多都喜欢上了这个文史知识积累都不错的"才子",最后他选择了中文系。

刚刚入学,震惊中外的九一八事变发生了。日本帝国主义的铁蹄践踏了中国的东北大地。在一个秋风萧瑟的日子,钱伟长和班上的同学一起走进了圆明园,实地感受了一段中华民族曾经的被侵略的屈辱史。曾有"东方凡尔赛宫"之称的"万园之园"圆明园已是满目疮痍。看到那些,钱伟长震惊了、愤怒了,决定弃文学理,他要研制飞机、大炮,要科学救国。

从圆明园回来的第二天,他找到物理系主任吴有训教授,要攻读物理系。吴有训教授查看了他入学考试成绩后,对他说:"你的数理化总共得分 25 分,中文考这么好。你还是读中文系吧!"

"我读物理是为了将来为祖国造坦克,造大炮,是为了救国。"钱伟长说。

"学文也同样可以救国呀!"吴有训反驳说。

钱伟长并不接受吴教授的逻辑,他就是要读物理,而且他有他的招儿。从被拒绝的那天起,吴有训走到哪里,钱伟长就跟到哪里。没办法,吴有训教授有条件地让了步:"你先试读一年,在这一年中,化学、物理、高等数学这三门课,你每门都要能考 70 分,才收你。若有一门考不到,就转回文学院。"

这个条件虽然很苛刻,但对于有"追求"的钱伟长来说,并不是没有实现的可能。从此,这个身高只有 1.49 米的小伙子拼了命,开始恶补数理化。同学们对他的印象就是,天天躲在一个小角落里,不停地在草稿纸上演算。

那段时间,他一天最多睡 5 个小时。早晨五六点起床到科学馆去读书,晚上学校 10 点熄灯后,他就躲在厕所的角落里看书,直到凌晨才悄悄返回宿舍。

一年后,钱伟长成功地越过了吴教授给他设定的门槛——通过了物理系的考试。和他一起转进物理系的有五个人,他是唯一一个留下的人。四年后,他更是成了清华大学物理系最出色的学生。

1939年,新婚刚刚三周的钱伟长考取了由中英庚款会组织的第七届留英公费生。那年9月2日,途经香港赴英时,他搭乘的去英国的客轮被扣作军用,第一次留学夭折了。那年12月底,中英庚款会第二次通知钱伟长等在上海通过海运转去加拿大留学。因为英国皇家学会的会员和许多英国知名教授,都逃到加拿大去了。上船后,钱伟长等人发现护照上有日本签证,他和大伙认为不能接受侵略者国家的签证,宁可不留学也要表达对日本帝国主义的愤怒。他和很多人一起把护照扔在黄浦江里,携行李下船登陆,第二次留学也就此夭折。

1940年8月,钱伟长一行人第三次接到通知,他们再度乘船去加拿大多伦多大学。钱伟长对特意前来送行的四叔钱穆说:"我此次西行,绝不是为了自己,也不是为了家庭,而是走向一条科学救国的道路。"

在多伦多大学,由于在板壳统一内禀理论方面取得的巨大成就,钱伟长得到了世界导弹之父——冯·卡门的赏识。

1942年,钱伟长被冯·卡门召到身边,在美国加州理工学院和美国国家喷射推进研究所做博士后研究。在冯·卡门的指导下,他与当时已是冯·卡门助手的钱学森合作,共同完成了美国第一枚导弹的设计工作。

身在异国他乡,但钱伟长谨记周培源老师的话:"儿不嫌母丑,子不弃家贫。"他是炎黄子孙,他时刻准备用所学报效祖国。

在得知国内抗战胜利的消息后,钱伟长向导师冯·卡门提出回国请求。

由于他在美国从事的是火箭、导弹技术研究,美国有关方面劝他留下,而且他的恩师冯·卡门始终不肯答应。无奈,钱伟长便以思念家人和不曾见面的6岁儿子为由,申请回国探亲。1946年8月6日,这位一心报国的动力学家只随身带了简单的行李和几本书籍,一路辗转,终于回到阔别多年的北京清华园。

炽热的报国情

回国后，为了培养更多科学救国的人才，他几乎"承包"了清华大学、北京大学和燕京大学的应用力学、材料力学、理论力学、弹性力学等课程，还担任《清华工程学报》主编，承担审稿工作。这一时期，他在科学理论和工程技术上都取得了许多开创性的成果。除此之外，钱伟长还开创了中国大学第一个力学专业，出版了中国第一本弹性力学专著。

但是，他的科学报国路并不平坦。1957 年 1 月 31 日，因为在《人民日报》上发表的《高等工业学校的培养目标问题》一文，提出了与苏联教育思想相悖的不合潮流的见解，他被划为"右派"，并被撤销了教职。

钱伟长经历了人生的又一次重大转折。但是，这并未能阻止他对教学与科研的追求。他把工作转入"地下"。一些懂行的专家请他开设各类讲习班，诸如为北京地区冶金学界讲授"晶体弹性力学"、为航空学界讲授"空气弹性力学"、为力学界讲授"颤振理论"……他的这些系统讲座为应用数学和力学领域培养了大批人才。

1968 年，钱伟长被下放到工厂做炉前工。他没有抱怨，而是和工人们一起，自己建造了热处理车间。他发明了一种杠杆设备，可以让工人轻易地拿起 52 公斤重的铁棒。他还和工人们一起设计制造了当时北京最好的液压机。

之后，钱伟长接到周恩来总理特派的任务——研究坦克电池。可是，钱伟长只有学生时代学到的化学基础，他并不懂电池。为了研究坦克用的高性能电池，以解决我国坦克"走着走着就停了"的问题，他骑着自行车跑遍了北京市所有跟电池有关的单位，查了 300 万字的资料，花了一年多时间，终于研制出了比美国通用公司产品性能更高的电池。

钱伟长身处困境却研究不辍，他追求科学的脚步从来没有停歇，他把自己的一生毫无保留地献给了科学，献给了祖国的强盛与发展。

"从义理到物理,从固体到流体,顺逆交替,委屈不曲,荣辱数变,老而弥坚,这就是他人生的完美力学,无名无利无悔,有情有义有祖国。"这是 2010 年钱伟长当选为"感动中国"年度人物时组委会给予他的评价,这也是他一生的真实写照。

　　作为"三钱"之一的学界巨星,钱伟长提出的"浅壳大扰度方程"被国际学术界誉为"钱伟长方程";在圆薄板大扰度问题上,他提出的以中心扰度为小参数的摄动法,在国际上称为"钱伟长法"。这些科研成果是后人取之不尽的宝贵财富。他用赤子般的爱国情怀,实现了科学救国的伟大抱负。

　　他是我们抬头仰望着的星空中的璀璨星斗。他献身科学、报效祖国的信念,自强不息、安贫乐道的气节,探索真理、勇攀高峰的精神将永远激励着我们民族不断开拓前进。

中国"地质之光"李四光

　　李四光,生于 1889 年,卒于 1971 年,原名李仲揆,字仲拱,湖北黄冈人。我国杰出的地质学家,首创地质力学,新中国地质事业的奠基人。他以独到的学术见解,不仅圆满解决了各种地质构造型式的形成机制,而且成功地指导了找矿工作。根据他的理论,我国相继发现了大庆油田、胜利油田、大港油田等重要油田,为祖国的社会主义建设做出了卓越的贡献。

　　生命中最初的 13 年,李仲揆都在农村中度过。5 岁时,他开始进私塾读书。每天午后放学回家,就和长兄一起帮助家里劳动。晚上,又和哥哥一起在

李四光

油灯下背书、习字。家境贫困,让仲揆小小年纪就懂得了生活之不易。当同龄的孩子还在四处调皮的时候,小仲揆已经懂得了将两段油灯芯分开来用以延长读书时间的做法。

1902年,听闻省城武昌开办的官费高等小学堂正在招生,年仅14岁的小仲揆便请求父亲为他筹借路费,只身前往省城赶考。

生平首次进入有洋人的"大城市",仲揆未免有些紧张。结果忙中出错,在填写报名单时,他误在姓名栏中填入了年龄"十四"。川资微薄,仲揆已无力再购买新的报名单,情急之下,他看到府衙堂中上方"光被四表"的匾额,灵机一动,将"十四"更改为"李四",又在后面加了一个光字。自此,一个叫做"李四光"的人走进了时代的视线。

天道酬勤,李四光幼时的苦读显现了成效。他以排名第一的优秀成绩被录取,并且在学校的几次考试中也都是排名榜首。终于,他争取到了保送日本留学的机会。

站在开往日本的船上,李四光踌躇满志。想到父亲给他讲述的甲午海战、庚子赔款,想起一路行来他亲眼目睹的洋人对同胞的肆意欺凌,他决心学习造船,为祖国造出强大的轮船。怀揣报国之志,李四光东渡扶桑。他先在弘文学院学习,后又进入大阪高等工业学校学习造船。在日学习期间,西方的先进思潮也影响了李四光。1905年7月的一天,在孙中山先生的亲自主持下,16岁的李四光成为了第一批同盟会会员。会上,孙中山先生将"努力向学,蔚为国用"八字送与李四光,以示勉励。中山先生或许不会想到,短短的八字叮嘱,成为了李四光一生的目标。

凛凛浩然气　拳拳赤子心

1910年,李四光学成归国。武昌起义后,他被委任为湖北省军政府理财部参议,后又当选为湖北实业部部长。但不久袁世凯掌权后,革命党人受到打压,李四光突然发现,自己"科学救国"的抱负,竟然没有了施展的空间。"力量不够,造反不成,一肚子秽气,计算年龄还不太大,不如读书十年,准备一份力量"。23岁的李四光不愿为腐败的政府所用,毅然抛弃官位,返归校园。

长途跋涉,远渡重洋,李四光第二次离开祖国,来到英国伦敦伯明翰大学深造。其时正值一战爆发,物资短缺,生活极度困难,许多留学生无法忍受,纷纷离开英国。但李四光硬是凭着从小养成的坚忍精神,节衣缩食,克服种种困难,把学习坚持了下来。

他常常利用假期,跑到矿山做临时工,勤工俭学。在一次考试前,他腿上长了一个脓疮。为了省钱省时间,他忍着疼痛,用刮胡刀片把疮刮掉,他的腿上也因此留下了一块深深的疤痕。

功夫不负有心人。1918年,李四光用英文写就的长达387页的论文《中国之地质》让他顺利得到了伯明翰大学自然科学硕士学位。不久,李四光接到了北京大学校长蔡元培先生发来的聘书,请他回国担任北京大学地质系教授。尽管国内军阀混战动荡不安,但李四光仍决意回国,带着为真理奋斗的治学精神,带着报效祖国的满腔热血,他回到了这片自己深爱着的热土。

在北京大学任教期间,蒋介石曾多次邀请李四光出任教育部长、大学校长和驻英大使。但由于李四光亲眼目睹了国民政府的腐败和对科学的不重视,亲眼看到爱国青年受到的不公正待遇和镇压,这些邀请都被他断然拒绝了。

抗战期间,李四光在重庆曾两次见到周恩来。周恩来向他介绍了中国共产党的政治主张,并详细分析了当前的形势和发展前景。从周恩来身上,李四光感到,"有了共产党,中国就有了希望"。

1948年,李四光赴欧洲从事地质考察和学术研究活动,由于国内缺少从事科研的基本条件,李四光便留在了欧洲。第二年,新中国即将成立。李四光收到了祖国的来信,他被邀请担任全国政协委员。祖国的召唤让李四光下定决心,立即回国。当时,蒋介石对于李四光回国百般阻挠,李四光不顾蒋介石"扣留"的威胁,以近花甲之年的高龄,不辞劳苦,几经辗转,终于回到了能让他真正施展生平抱负的祖国。

回到中国的李四光被委以重任,担任了新政府首任地质部部长,后来还担任中国科学院副院长、全国科联主席、全国政协副主席等职。

新生的中华人民共和国百废待兴,对于石油能源的需求量很大。当时,八九成的石油都要从国外进口,这对于新中国的建设无疑是极为不利的。而早年间西方"中国贫油"的论断,也让新中国的建设者们大为忧虑。

在这个时候,李四光力排众议,坚信我国天然石油的远景大有可为。他从新华夏构造体系的观点出发,向毛泽东、周恩来分析了我国地质条件,认为在我国辽阔的疆域内,天然石油资源的蕴藏量应当是丰富的。党中央听从了李四光的建议,石油普查勘探的战略决策由此开始实行。

1956 年,67 岁高龄的李四光亲自主持石油普查勘探工作。他以自创的地质力学为理论基础,指出石油勘探工作应该打破"偏西北一隅"的局面,寻找几个希望大、面积广的可能含油区,"到新华夏构造体系的坳陷带找油"。在他的理论指导下,勘探队在很短的时间内先后发现了大庆、胜利、大港、华北、江汉等油田,一举摘掉了"中国贫油"的帽子。这一成就所造成的影响可想而知。时至今日,这依然是那个时代最振奋人心的标志性图景。

有了石油,新中国的经济建设得以飞速发展。但新中国的国防建设,还需要铀。

"中国有没有造原子弹的铀矿石?"1955 年 1 月 15 日,面对着主席的询问,李四光带着他从欧洲特意带回来的探测器,和从中国境内发现的铀矿石,给出了肯定的答案:"中国有铀。"

在随后的勘探工作中,勘探队员们从李四光提出的三条东西构造带上,果然陆续发现了储量丰富、品位高的铀矿床,从而为新中国"两弹"的研制奠定了坚实的基础。1964 年 10 月 16 日,中国第一颗原子弹成功爆炸。

先后破除"中国无第四纪冰川"和"中国贫油"的"洋神话",世界首创地质力学学科,在地震地质领域的卓然建树,为"两弹"的研发所作出的鲜为人知的贡献……李四光的一生，有太多的辉煌值得书写。而他也像他所敬仰的周总理那样，鞠躬尽瘁，死而后已。直到逝世的前一天，他还在诚恳地对医生说："只要再给我半年时间，地震预报的探索工作就会看到结果……"他被周总理称作"中国科技界的一面旗帜"，他被公认为中国的"地质之光"，他用自己的一生履行了自己"我是炎黄子孙，理所当然地要把学到的知识全部奉献给我亲爱的祖国"的诺言，也完成了中山先生对他的八字嘱托。

穷且益坚，不坠青云之志。老当益壮，不移报国之情。李四光用自己的一生践行了科学救国的理想信念，堪称学者的典范，师者的楷模，他的业绩光耀九州，福泽万世，为世人敬仰。

"中国的爱因斯坦"华罗庚

华罗庚，生于 1910 年 11 月 12 日，卒于 1985 年 6 月 12 日。国际数学大师，中国科学院院士，中国解析数论、矩阵几何学、典型群、自安函数论等多方面研究的创始人和开拓者。曾任清华大学教授、数学系主任。中国科学院数学所所长。1958 年，华罗庚被任命为中国科技大学副校长兼应用数学系主任。1978 年，被任命为中国科学院副院长。1984 年华罗庚以全票当选为美国科学院外籍院士。他为中国数学的发展作出了无与伦比的贡献。华罗庚先生早年的研究领域是解析数论，他在解析数论方面的成就尤其广为人知，国际间颇具盛名的"中国解析数论学派"即是华罗庚开创的学派，该学派对于质数分布问题与哥德巴赫猜想作出了许多重大贡献。他在多复变函数论、矩阵几何学方面的卓越贡献，更是影响到了世界数学的发展。

"我要用健全的头脑，代替不健全的双腿"

1910 年 11 月 12 日，江苏省金坛县一家小杂货店里，一个男婴呱呱坠地。店主华老祥 40 岁得子，不禁欣喜万分。他小心翼翼地将婴儿放进一只箩筐里，又将另一只箩筐盖在上面，说是"进箩筐避邪，同庚百岁"，并为儿子取名"罗庚"。

华罗庚读小学时，成绩不突出，数学只是勉强及格。校长找他谈了一番话，并希望他珍惜来之不易的学习机会。校长的话使他决心奋起直追。从此，华罗庚收起玩心，一门心思放在学习上。起初，别的同学用一小时就能解决的数学问题，华罗庚安排两小时去解决。后来，情况就反过来了：别人要用一小时才能解决的问题，华罗庚只要半小时甚至更短的时间就解决了。到初中毕业时，华罗庚的成绩已跃居全班第二名。

1925年，华罗庚初中毕业后，因家境贫寒，无力进入高中学习，只好到黄炎培在上海创办的中华职业学校学习会计，为的是能谋个会计之类的职业养家糊口。不到一年，由于生活费用昂贵，华罗庚被迫中途辍学，回到金坛帮助父亲料理杂货铺。在单调的站柜台生活中，他开始自学数学。他回家乡一面帮助父亲在"乾生泰"这个只有一间小门面的杂货店里干活、记账，一面继续钻研数学。回忆当时他刻苦自学的情景，华罗庚的姐姐华莲青说："尽管是冬天，罗庚依然在账台上看他的数学书。鼻涕流下时，他用左手在鼻子上一抹，往旁边一甩，没有甩掉，就这样伸着，右手还在不停地写……"

那时华罗庚站在柜台前，顾客来了就帮助父亲做生意，打算盘、记账，顾客一走就又埋头看书演算起数学题来。有时入了迷，竟忘了接待顾客，甚至把算题结果当作顾客应付的货款，使顾客吓一跳。因为经常发生类似的莫名其妙的事情，时间久了，街坊邻居都传为笑谈，大家给他起了个绰号，叫"罗呆子"。

每逢遇到急慢顾客的事情发生，父亲又气又急，说他念"天书"念呆了，要强行把书烧掉。争执发生时，华罗庚总是死死抱着书不放。

1929年，金坛发生瘟疫，华罗庚也不幸得了伤寒病，终日躺在床上，竟有半年。后来病虽然好了，可是腿却残了，这一年华罗庚19岁。大病一场的华罗庚在床上学完了高三和大学一、二年级的全部数学课程。因为左腿的残疾,华罗庚后来走路都要左腿先画一个大圆圈,右腿再迈上一小步。对于这种奇特而费力的步履,华罗庚还幽默地戏称为"圆与切线的运动"。在逆境中,他顽强地与命运抗争,他说:"我要用健全的头脑,代替不健全的双腿。"

华罗庚的志气与行径,几乎没有人能够理解。和全世界无数的杰出人才一样,困难愈多,克服困难的决心也愈坚。在追求数学真理的路上,华罗庚克服了常人难以想象的困难与阻力。没有时间,养成了他早起,善于利用零碎时间、善于心算的习惯。没有书,养成了他勤于动手、勤于独立思考的习惯。这种习惯,他一直保持到晚年。

"我到英国,是为了求学问的"

1930年的一天,清华大学数学系主任熊庆来,坐在办公室里看《科学》杂志。一篇名为《苏家驹之代数的五次方程式解法不能成立理由的论文》深深地吸引了他。论文的作者在文中指出了苏家驹,一个大学教授在一个代数运算上的错误,文章极具才华,但文章作者却是一个熊庆来从未见过的名字。熊庆来很纳闷,下意识地问道:"这个华罗庚是哪国留学生?"周围的人摇摇头,"他是在哪个大学教书的?"人们面面相觑。真的是"无巧不成书",恰好这时有一位江苏籍的教员在场,他想起了他的弟弟有一个同学名叫华罗庚,就回答道:"这个华罗庚哪里教过什么大学?他只念过初中,听说在金坛中学当事务员。"熊庆来感到惊奇不已,一个初中毕业的人,能写出这样高深的数学论文,必是奇才。他当即做出决定,把华罗庚请到清华大学来。

从此,华罗庚就成为清华大学数学系助理员。在这里,他如鱼得水,每天都游弋在数学的海洋里,只给自己留下五六个小时的睡眠时间。说起来让人很难相信,华罗庚甚至养成了熄灯之后,也能看书的习惯。他当然没有什么特异功能,只是头脑中的一种逻辑思维活动。他在灯下拿来一本书,看着题目思考一会儿,然后熄灯躺在床上,闭目静思,开始在头脑中做题。碰到难处,再翻身下床,打开书看一会。就这样,一本需要十天半个月才能看完的书,他一两夜就看完了。华罗庚被人们看成是不寻常的助理员。

第二年,他的论文开始在国内外著名的数学杂志上陆续发表。清华大学破了先例,决定把只有初中学历的华罗庚提升为助教。

几年之后,华罗庚被保送到英国剑桥大学留学。可他不愿读博士学位,只求做访问学者,因为这样可以冲破束缚,同时攻读七八门学科。他说:"我到英国,是为了求学问,不是为了得学位的。"

华罗庚没有拿到博士学位。可是在剑桥的两年内,他写了 20 篇论文。论水平,每一篇都可以拿到一个博士学位。其中一篇关于"塔内问题"的研究,他提出的理论被数学界命名为"华氏定理"。

这位数学大师人生中唯一一张文凭竟是家乡那所新式中学的初中毕业证书。成功不会依照学历来选择人,而是看努力和钻研的程度。在通往成功的道路上,只有勤奋刻苦,努力拼搏,献身自己热爱的事业的人才能取得最后的胜利。

"为了国家民族,我们应当回去"

1938 年,整个中国已是烽火连天,华罗庚在这一年完成了在英国预定的进修,他立即回国。起程时,好友劝他不必冒此风险,留在英伦各大学讲授数理,必受欢迎。但华罗庚一定要与自己的同胞共赴国难。于是他回到了西南联大,成了危难中国的一名教授。抗战时期,昆明是日军重点轰炸的城市,有一次,华罗庚就被日军飞机扔下的炸弹活埋在防空洞里。而那时的华罗庚正和闵嗣鹤等人讨论数学。当学生挖起华罗庚时,发现他眼镜已经没有了,长衫的后半截没有了,咳嗽出来的都是鲜血。就在这样的环境中,华罗庚仍然陶醉于数学之美,他写出了《堆垒素数论》,即使在今天,华罗庚在当时的环境中写成的全部著作,仍然是世界数学王国里的经典之作。

1946 年秋天,迫于国内的白色恐怖,华罗庚再次出国,应美国普林斯顿大学魏尔教授之邀赴美进行学术访问。在美国的四年,他拓展了自己的研究方向,认真研究了应用数学的情况,特别是电子计算机,要知道那时候全世界第一台计算机才刚刚诞生。1949 年,新中国的诞生,牵动着热爱祖国的华罗庚的心。此时的华罗庚已经被伊利诺伊大学高薪聘为终身教授,他的家属也随同到美国定居,有洋房和汽车,生活十分优裕。

不少人都认为华罗庚不会回来了。可是,谁也没想到,此时的华罗庚内心是多么渴望早点回到自己的祖国。最终,华罗庚放弃了美国优越的生活条件,克服了来自美国政府的种种困难,携家人回国。1950 年2 月,在归国的船上,华罗庚写下了《致留美学生的公开信》,信中他坦露出了一颗热爱中华的赤子之心:朋友们!我先诸位回去了。梁园虽好,非久居之地。归去来兮……为了国家民族,我们应当回去……。这一年,华罗庚 40 岁。虽然数学没有国界,但数学家却有自己的祖国。1950 年3 月 16 日,华罗庚和夫人、孩子抵达北京。

筹建中科院数学所,发现陈景润

华罗庚回到了清华园,担任清华大学数学系主任,讲授他的最新研究成果《典型群论》。接着,他受中国科学院院长郭沫若的邀请开始筹建数学研究所。1952 年 7 月,中国科学院数学所成立,他担任所长。在华罗庚主持数学研究所期间,他开创了解析数论、典型群论等多个领域的方向。华罗庚组织撰写了《典型群》《多复变函数论中的典型域的调和分析》等著作。研究的过程也是培养学生的过程。当他第一次走上清华讲台时,还只是个助教,一个没有任何学历的残疾青年,是熊庆来慧眼识珠,是清华大学的教授不拘一格,给了华罗庚成长的条件,就像数学王国里充溢着灿烂的瑰宝一样,这样的事情解放以后经常在发生。

1956 年的一天,有一个叫陈景润的青年给华罗庚写信,提出他的堆垒素数论中第五章的方法可以用来改进第四章的某些结果,华罗庚大为赞赏。和当年的华罗庚一样,陈景润也仅仅只是厦门大学的一个图书管理员。华罗庚马上邀请陈景润参加全国数学论文报告会,并让他在会上作了学术报告。历史就是这样的巧合,当年熊庆来对华罗庚的知遇被不走样地演绎在他与陈景润之间。陈景润就这样来到北京,进入中国科学院数学所。10年后,陈景润完成了哥德巴赫猜想,登上了数学王国的顶峰。每当回忆起这段历史,陈景润总会感激地说:"我是华先生第一个、也是最后一个'走后门'调来的年轻人!"不论陈景润走到哪里,都会特别自豪地和别人提起"我的老师华罗庚"。

回国后短短的几年中,华罗庚在数学领域里的研究硕果累累。他写成的论文《典型域上的多元复变函数论》于1957年1月获国家发明一等奖,并先后出版了中、俄、英文版专著;1957年出版《数论导引》;1959年,用德文出版了《指数和的估计及其在数论中的应用》,又先后出版了俄文版和中文版;1963年,华罗庚和他的学生万哲先合写的《典型群》一书出版。他为培养青少年学习数学的热情,在北京发起组织了中学生数学竞赛活动,从出题、监考、阅卷,都亲自参加,并多次到外地去推广这一活动。他还写了一系列数学通俗读物,在青少年中影响极大。他主张在科学研究中要培养学术气氛,开展学术讨论。他发起创建了我国计算机技术研究所,也是我国最早主张研制电子计算机的科学家之一。

从初中毕业到人民数学家,华罗庚走过了一条曲折而辉煌的人生道路,为祖国争取了极大的荣誉。

推广优选法与统筹法

1958年是一个火红的年代,许多科学家纷纷走出研究所,到实际生产中找课题。华罗庚出身贫寒,真心希望自己深奥的学术能为工农业生产生活直接服务。但华罗庚的专长是数论、多复变函数论、矩阵几何等,这些高深的数学理论,怎样去和工农业生产直接联系呢?他在知识分子要在理论联系实际的问题上陷入了深深的苦恼。华罗庚发出了这样的感慨:"大道如青天,独我不得出。"华罗庚开始从每一个数学分支里分析,尝试用数学解决实际中的问题。

一次偶然的机会,华罗庚参加了一个战士的追悼会,这个战士为了一个爆破面的成功,自己牺牲了。这件事对华罗庚的刺激很大,他说:"为什么不能够在生产雷管的过程中,让它的质量百分之百成功?"于是,华罗庚提出了道道工序要优选。华罗庚的统筹法和优选法就是这样被逼出来的。

1964年,华罗庚给毛泽东写了一封信,建议在生产实践中推广优选法和统筹法,认为可以提高管理水平和效率。毛泽东回信称赞他"壮志凌云,可喜可贺"。华罗庚由此开始了他深入基层,跑遍祖国大地推广统筹优选法的工作。他亲自到工厂、矿山,冒酷暑、顶严寒,用深入浅出的语言向工人农民传授知识,帮助他们增加生产、提高质量、降低消耗。

在普及双法的道路上,华罗庚身心疲惫,身体每况愈下。自1965年算起到他去世,用了整整20个春秋寒暑,华罗庚走遍了祖国内地26个省份,行程超过20万千米,数百万计的人,得以聆听他的教诲,无以计数的人参加了实践。

1976年,国外又邀请华罗庚前去讲学,他的老朋友们很关心,也有点担忧,怕他这些年生疏了学问,要跌跤,要出丑了。他们不知道华罗庚利用国外同行寄给他的出版物继续自己的理论研究。他一天跑七八个厂房,晚上和助手一起背着别人研究理论。华罗庚到国外以后先开了两个学术会议,接着利用暑假的时间,整理了自己这十几年来的研究成果,提了10个方面的想法。他说:"与其讲我自己所长的,不如讲我自己所短的。中国古代有个说法,切忌班门弄斧。可我的看法是弄斧必到班门!你到鲁班面前要一耍,如果他说你有缺点,一指点,我下回就好一点了;他如果点点头,说明我们工作就有相当成绩。俗话说:下棋找高手,如果你每一次都输给他,半年下来,你的棋艺能没进步吗?所以我主张弄斧到班门、下棋找高手。"

1979年的这次出访，华罗庚跑了四个国家，几十个城市。有一位美国学者在荷兰听了他的报告，写信给他说："您的演讲，令人赞叹不已。您向大家证明了，好的学者即使在最恶劣的逆境中，仍然可以做出出色的成绩，您让我们这些生活在安逸和稳定环境中的人们，只能感到羞愧。"

"工作到生命的最后一刻"

　　1985年6月，华罗庚应日本亚洲协会的邀请访问日本。因为曾患过两次心肌梗塞，腿的手术也已经过了保险期，参观过程中只好坐轮椅。访问中只安排了华罗庚作一次报告，介绍自己50年来的工作。他写字已经很困难，由他的长媳整理了一张表作为报告的提纲。为了准备报告，他接连两天谢绝了各种活动。6月11日晚上，他实在无法入眠，吃了安眠药勉强睡了一会儿。

　　演讲安排在6月12日下午东京大学的一间报告厅。4点，他在日本数学会会长小松彦三郎的陪同下，手持拐杖走入报告厅，会场响起热烈的掌声。4点12分，演讲开始。他离开了轮椅坚持站着讲。一开始他用中文，由翻译翻成日语。后来在征求了大家的意见后，换成英语。他讲得满头大汗，先脱掉了西装又解掉了领带。规定的45分钟时间到了，他征求大家意见，问能不能延长几分钟。这次演讲一共讲了65分钟。最后，华罗庚说"谢谢大家"，在暴风雨般的掌声中坐了下来。日本数学家白鸟富美子女士捧着一束鲜花向讲台走去。华罗庚突然从椅子上滑了下来。在场的中国教授和日本医生惊叫着去扶他。他的眼睛紧闭着，面色由于缺氧而呈现紫色，完全失去了知觉。晚上10点零9分，东京大学医院宣布华罗庚的心脏完全停止了跳动。

　　华罗庚曾说自己"最大的希望就是工作到生命的最后一刻"。也许再没有比这更壮丽的谢幕方式来为这位世界数学大师的精彩人生画上完美的句号了。

妇产科学拓荒者林巧稚

　　她终身未婚，却拥有最丰富的母爱；她没有子女，却是拥有最多子女之爱的传奇女性。她是中国妇产科学的主要开拓者之一，是北京协和医院第一位中国籍妇产科主任及首届中国科学院唯一的女学部委员（院士）。她一生接生了 5 万多名婴儿，在胎儿宫内呼吸、女性盆腔疾病、妇科肿瘤、新生儿溶血症等方面的研究作出了杰出贡献。

　　她走的那一天是 1983 年 4 月 22 日。闻讯赶来哀悼的人络绎不绝，有她生前挚友、同事、学生，有她生前诊治过的患者和她接生的人，还有日理万机的中央领导同志。她就是林巧稚。

"不为良相，当为良医"

　　林巧稚出生于厦门鼓浪屿，父亲早年留学新加坡，是一个受过现代教育的归侨。思想开明的父亲没有因为巧稚是女孩而轻视她，因此巧稚没有像其他女孩一样裹小脚，早早嫁人，而是从小就跟着哥哥和父亲一起学习英文。然而不幸的是，在林巧稚 5 岁时，她的母亲因病不幸去世，而父亲在母亲去世之后不久也因伤心过度病倒了。"学医，当个医学家！"当时还是个孩子的林巧稚在失去亲人的痛苦中在心底里植下了学医的宏愿。

　　在林巧稚 20 岁那年夏天，她离开家，乘船去了上海，去报考北京协和医学院。林巧稚没有出过远门，一路上新鲜和不安如影相随。而临行前父亲那句"不为良相，当为良医"的教诲更是一直萦绕在耳边，让她心中更多了份沉重。

　　七月的上海酷热难耐，考场上的林巧稚奋笔疾书，因为她知道这次考试只招收 25 人，她只有全力以赴才能进入这所她梦寐以求的大学。忽然，安静的考场有些躁动，只见一名女学生被抬出了考场。天气太热，这名女生中暑晕倒了，监考老师因为是男的而不方便施救女生，只能差人联系考场外她的家人。

晕倒女生的情况越来越紧急,而家属还没有赶到。这时,林巧稚站了出来,她迅速把中暑的考生安置在了阴凉处,随手解开她的领扣,喂她喝水,让她吃下仁丹……女生终于苏醒,周围的人都长舒了口气。林巧稚仅用了十分钟就迅速处理了这起突发事件,但当她回到考场时,考试却结束了,林巧稚很失落,她最有把握的英语科目竟然没有答完。

她闷闷不乐地坐上了回厦门的火车,没有了初来上海时的兴奋和喜悦,有的只是和梦想失之交臂的惆怅。然而就在林巧稚回家一个月后,她却意外地收到了协和医学院的录取通知书,或许是她没有答完的试卷已经很优秀,或许是她面对病人的果断和忘我,让她赢得了另外一场"考试"——年纪轻轻,就有"爱'病人'胜过爱自己"的职业精神。总之,林巧稚最终圆梦协和医学院。

爱心和实力铸就女医生不平凡之路

协和医学院作为当时最好的医学院校,对学生的要求是相当严苛的,每门功课 75 分以上才算及格,有一门不及格留级,两门不及格即除名,没有补考和商量的余地。在林巧稚看来,只有更加刻苦地学习,才能最终实现自己的医生梦。此后,无论夜阑人静,还是黎明微曦,人们总是能看见林巧稚窗下苦读的身影。

1929 年毕业时,一同入学时的 25 名同学只剩下 16 人,林巧稚的成绩始终在班里高居榜首,获得了协和的最高荣誉奖"文海奖学金",她也是协和历史上第一个获得该奖项的女学生。

在协和医学院苦读的八年里,林巧稚不仅积累了扎实的专业知识,协和"慈悲、专注、自省、一切以病人为中心"的精神更是深深地烙印在她的心中。几年后,林巧稚面临毕业的选择。在当时的中国,重男轻女的传统思想相当严重,女性是男人的"附属品"的观念大行其道,而大街上丢弃、售卖女婴现象也不鲜见。

或许是为了那些苦难中的中国妇女,亦或许是为了纪念在病痛中死去的母亲,作为优秀毕业生的林巧稚并没有选择热门的外科、内科,而是选择了当时并不受人重视的妇产科,她要用自己的所学帮助更多的中国妇女改变生活。从此,协和多了一位"说话做事直截了当,工作能力不逊男人"的女大夫。

机会总是眷顾有准备的人。林巧稚从医生涯的命运转折也是在不经意间到来。

那是一个圣诞节前的平安夜,几位外国医生因为要参加聚会早早地离开了医院,留在病房的只有助理住院部医师林巧稚。夜晚病房的光线柔和,静谧安宁,病房里的大部分病人已经睡了,偶有刚做完手术的患者,发出轻声的低吟。忙碌了一天的林巧稚刚查完房回到值班室,打算小憩会儿。突然,她看见急诊的灯亮了,林巧稚迅速跑到急诊室。只见病床上躺着一个20多岁的女子,面色苍白,皮肤湿冷,已经处于半昏迷状态。通过家人的描述和初步的检查,林巧稚判断病人为宫外孕,需要马上手术,否则会有生命危险。没有片刻迟疑,她一边通知立刻准备手术,一边拨打电话给主治医生,可是电话里传来的却是阵阵忙音。林巧稚的心揪得一阵比一阵紧,终于电话通了,"喂……"电话里的声音很嘈杂,隐隐还有音乐声。听了林巧稚的报告,电话那头的主治医生迟疑了,他说:"抱歉,抱歉,这里离医院很远。"林巧稚急得声音有些嘶哑,她又一次说到病人的危急。电话那头沉默了片刻说道:"外面雪很大,赶过去要很长时间,病人等不了的。请你负责吧,可以让病人转院……"

挂断电话,林巧稚看着病床上危在旦夕的病人,突然冷静下来了。"这样大的风雪夜,她还能去哪儿呢?我是医生,眼下能做的就是全力去抢救!"林巧稚没有过多地考虑自己只是一位助理住院医生,没有做手术的权力,而是和多年前在上海的考场一样,又一次把自己的前途和命运抛在一边,毅然走向了手术台。

无影灯下,林巧稚站在手术台上,全神贯注,仿佛全世界都不存在了,眼睛里心里只有这位病人……清创、整理、缝合、包扎,一切都进行得有条不紊。血压回升,体温回升,脉搏逐渐恢复正常,生命体征又重新活跃起来。

林巧稚的成功并不是凭借幸运。在她拿起手术刀的那一时刻,手术刀是炙热的,连带着她生命的体温,带着她多年刻苦学习的医术和胸有成竹的自信,更凝聚着她对生命的理解和敬畏。

就这样仅仅半年时间,林巧稚就凭借自己出色的表现,从一名助理住院医生被破格聘为总住院医生,并被聘为协和医学院妇产科学系的助教,走完了常人需要 5 年才能走完的路。

在协和,林巧稚是第一位任总住院医生的女性,也是当时协和医院妇产科职位最高的中国医生,然而这代价是巨大的。在那个社会普遍不重视女性的时代,留在协和就意味着必须接受协和那不成文的规定:"聘任期间凡结婚、怀孕、生产者,作自动解除聘约论。"这种选择对于正值恋爱、婚嫁之龄的林巧稚是痛苦的,然而出于对医学事业的热爱,因为"爱病人胜过爱自己"的执着,林巧稚毅然选择了留下。

撒播爱的天使

林巧稚不仅医术高明,她的医德、医风、奉献精神更是有口皆碑。

抗战爆发后,北平沦陷,协和医院因为是美国人办的而得以幸存。1939 年,林巧稚受协和派遣到美国进修。一年后,她谢绝了芝加哥大学妇产科的挽留,回到灾难深重的祖国。她知道,自己的同胞需要她的医疗服务。1941 年,太平洋战争爆发,协和医院也被迫关闭,但林巧稚仍然没有离开沦陷的北平,她在胡同里办起了私人诊所。

当时来诊所看病的多半是过去没钱就诊协和的穷苦人,林巧稚有一个特殊的就诊包,里面总备着现钱,对贫病交困的人家,她不收分文药费,还予以资助。她将医生的救死扶伤、造福病人的宗旨演绎到了一个新的境界。

有一天,黄昏时分下起了雨,病人比平时少了些,诊所也就较平常早一些关门。刚关门不久,诊所门外就传来急促的拍门声。林巧稚刚打开门,一个浑身湿透的男子就上气不接下气地向她求救:"快,快……家里的不行了……"林巧稚没等他讲完赶紧拿起就诊包跟着冲入滂沱大雨中。雨夜的路不好走,等他们赶到时已是午夜时分。推开门,只见一个产妇躺在撤去炕席的光炕上,一动也不动,林巧稚检查发现孩子胎位不正,属于难产。林巧稚迅速采取了救护措施,经过一阵紧张的忙碌,孩子终于出来了。林巧稚长长地舒了口气,疲劳的她想坐下歇会儿,这时她才发现这户人家竟然没有凳子,一贫如洗。看到这样的情形,林巧稚默默打开了自己的就诊包,拿出了几张钞票放在炕头,说道:"她太辛苦了,等她缓过来,你给她买点吃的补补。"没等那家人反应过来,林巧稚已经消失在了茫茫雨夜中。

林巧稚曾说过:"作为一个医生,既然病人把自己的健康希望给了你,你就要尽心尽力,负责到底。"正是怀着这样的信念,在那动荡不安的日子里,林巧稚的诊所整整坚持了六年。六年里,在东堂子胡同 10 号的诊所,在病人的家中,在烈日当空的街道上,在夜色沉沉的星空下……人们总能见到她忙碌的身影。六年里,林巧稚共接诊上万余人,留下了8887 份档案。这 8887 份档案不仅记录了病人的病史,更记录了一个个感人至深的故事,见证了一个个新生命、新希望的诞生。

忠实的爱国者 人民的科学家

新中国成立之后,林巧稚感到欢欣鼓舞,她在短文《打开协和窗户看祖国》中写道:"协和的窗户打开了,竖起了五星红旗……我们为祖国伟大的进步感到光荣骄傲。"她以更大的热情投身到了新中国的医学事业中。她经常带领医务人员深入农村、城镇考察妇女和儿童的疾病;为了降低我国新生婴儿死亡率,防治妇女宫颈癌,她撰写了妇幼卫生科普通俗读物《家庭卫生顾问》等书,受到人们的普遍欢迎;为了治疗新生儿溶血症,林巧稚邀请有关专家座谈,终于创造出用脐静脉换血的医疗方法,填补了国内在这方面的空白。在临床上,林巧稚把帮助妇女生产和护理,变成了一门精湛的艺术。举凡经她的手,绝大多数难产的孕妇,都会化险为夷。林巧稚,凭着爱心和高超医技,赢得了千千万万妇女、母亲和儿童的心。

由于长时间的高负荷工作,林巧稚病倒了。这位毕生都在为保障妇女儿童健康而奋斗的医学家躺在病床上依然没有停止工作。她曾说:"我一闲下来,就会感到寂寞、孤单,生命就会完结。"林巧稚开始记录自己一生的医学实践探索心得——《妇科肿瘤》。整整耗时 4 年,她终于完成了这部 50 万字的专著。然而书完成了,林巧稚却走了。

林巧稚曾说:"我一生最爱听的声音就是婴儿的第一声啼哭,这些哭声让我感受到生命的奇妙,感受到作为医生的自豪,也体会到了作为母亲的快乐。"

为了倾听这美妙的声音,为了她深深爱着的妇产事业,她放弃了婚姻、家庭和作为母亲的权利,用自己的青春和生命践行了"爱病人胜于爱自己"的诺言。

新中国的"栋梁"茅以升

"奋斗"宏愿幼年立　大洋彼岸中国龙

出生时,茅以升手心通红,被认为是大富大贵的吉兆。祖父茅谦是一位具有强烈爱国心的读书人,他为孙子取名"以升",意思是既希望家业昌盛,更希望国家升平。

茅以升自幼家境贫寒,衣食不继,常遭到贵胄子弟的讥讽。这让他内心愤懑,但也由此增强了自立自强的决心。10 岁的茅以升珍藏着祖父赠给他的墨宝——"奋斗"二字,他把它看成进步的秘诀。

茅以升常到祖父的藏书阁楼里读古书,学习起来有一股倔劲儿。有一次,他捧着书边走边读,一不小心就撞到一棵树,他竟以为旁边有人在打他，引得路人捧腹大笑；夏天，"火炉"南京热得出奇，别人手摇扇子擦着汗，茅以升却躲在屋子里一遍又一遍地抄写古文……

15岁那年，茅以升在日记里这样写道："千里之行，始于足下。时逢北京清华学堂招收留美预备生，我应当机立断，远离家乡北上投考……"千里求学，茅以升被赞叹为"人小志大堪称奇迹"。但他默默无语，时常告诫自己要勤奋治学。预科班里别人打牌下棋看戏，他却抱着"学而时习之"的态度，丝毫不放松。

茅以升

毕业考试时，茅以升被评为唐山路矿学堂第一名。随后他报考了留美官费研究生，并毫无悬念地登上"中华号"远洋客轮，赴大洋彼岸留学。在美国康奈尔大学，茅以升仅用一年时间就取得了硕士学位。毕业典礼那天，校长当场宣布："今后凡是唐山路矿学堂的毕业生来康奈尔作研究生的，可以免试入学。"

之后，茅以升又进入美国卡内基理工学院（卡内基梅隆大学前身）攻读博士。自小就立下"奋斗"宏愿的茅以升，对理论知识极度渴求。他一边在桥梁公司实习，一边攻读博士。时间对于这位22岁的年轻人来说异常珍贵，他早上4点起床，坐车时还不忘学习外语；工人休息时，他就放下工具掏出纸和笔做功课；在图书馆看书太入神，他竟被管理员锁在屋子里；即便是深夜，他躺在床上嘴里也经常嘟囔着什么……这个走在时间前面的人，又一次用勤奋证明了一切。他的博士论文《框架结构的次应力》顺利通过，并被认为达到了当时的世界水平，该文的科学创见还被称为"茅氏定律"。当地各大报纸都登载了这一消息，之前看不起中国人的美国学生,此时也沉寂了。

钱塘江上经风雨　八十一难造大桥

茅以升 10 岁时,家乡秦淮河上举行龙舟大赛,一座年久失修、名为"文德桥"的桥梁,因众人挤压而坍塌,桥上的人都掉到河里,伤亡惨重,其中就有他的同学。这一事故让茅以升下定决心造出结实牢固的桥。这种决心也影响了他日后的职业选择,只要看到桥,茅以升都会认真观察。在结束了美国的学习之后,他走上交通大学唐山学校的讲台,开始挑战旧的教学方法。

年近不惑,茅以升接到一个电报,正是这封电报,让他与钱塘江连结在一起。电报是他在唐山路矿学堂的同学发来的,称建设厅长想推动各方在钱塘江兴建大桥。当时,中国多座大桥均留下了帝国主义的痕迹:德国人建的黄河大桥,俄国人建的哈尔滨松花江大桥,日本人建的沈阳浑河大桥,美国人建的珠江大桥……难道中国人自己不能建造大桥吗?想到这,茅以升"让现代化大桥飞越天堑,去打破洋人诬蔑我们的谎言"的决心更加坚定了。

兴奋的茅以升其实也有些担心。杭州有句歇后语"钱塘江造桥——办不到",唐代也有诗云:"天堑茫茫连沃焦,秦皇何故不安桥。"修建钱塘江桥,古人没有办到,洋人也没有办到。钱塘江江水汹涌,波涛险恶,如果上下游同时并发,更是翻腾激荡势不可挡。如果再遇到台风,江面浊浪排空,风波就更为凶险。因此在钱塘江上建造大桥,极具挑战性。

经过半年勘测,茅以升在分析比较了十几个方案之后,做出了"钱塘江桥设计书"。然而,这只是开始,建桥需要 500 万银元,相当于 7 万建筑工人一年的工资,这样一笔巨款如何解决呢?桥梁专家的茅以升此时化身说客,与各银行联系,工程款的问题总算解决……

正如茅以升的母亲所言:"唐僧取经经过八十一难,唐臣(茅以升的字)造桥,也要经'八十一难'。"打桩时,力小打不进去,力大了木桩就断。

浮运沉箱是难度更大的工程,在钱塘江的潮水中,沉箱像脱缰的野马,四处乱窜;沉箱放不到木桩上,桥墩就筑不起来,又谈何建桥?建设过程中,日本帝国主义对中国发起进攻,空袭不断,企图炸毁尚未完工的钱塘江大桥。各大银行也找茅以升要求退款,流言蜚语也一并袭来……茅以升心急如焚,但他在困难面前并没有低头:"再有困难,大桥也得建成。在建桥上面,我决不后退半步!钱塘江大桥的成败,不是我一个人的小事,而是能不能为中华民族争气的大事。"

茅以升对大桥中的每一道工序都极尽苛刻。一根钢梁约有 18000 个螺钉,每个螺钉安装后都有专人逐个检查,不合格的螺钉被打上记号,重新安装。茅以升的目的只有一个,就是让桥上这 28 万颗螺钉,颗颗都能承载千斤重担,他要向世人展示:中国人建造的大桥不比外国人的差!

1937 年 9 月 26 日 4 时,一列火车从大桥上隆隆驶过钱塘江,两岸一片沸腾。历时两年半、由中国人自己设计建造的第一座现代化大桥终于建成!

挥泪炸桥断通途　立志复桥大丈夫

钱塘江大桥通车时,战火已燃遍大江南北。局势一天天紧张起来,就在这时,茅以升接到一个命令:炸掉大桥,不让敌人占用!这意味着他历经万难刚刚建成的大桥就要被毁掉,此时,茅以升的心如同刀割,但他还是得执行这个命令。

待江边难民安全转移后,茅以升断然下令开动爆炸器。轰隆一声巨响,满江烟雾。雄跨钱塘江上的新桥,就此中断……这天,茅以升夜不成寐,挥笔写下八个字"抗战必胜,此桥必复"。

抗日战争胜利后,茅以升带着精心保护的 14 箱资料回到了杭州,受命主持修复被炸掉的钱塘江大桥。

此时的大桥满身创伤,损坏严重。修复中最困难的问题,和建桥一样,仍然是正桥桥墩和钢梁,有的墩壁甚至要彻底修复。当时正值国民党统治日益瓦解时期,经济崩溃加剧,人心浮动,因此工程进展非常缓慢。

就是在这样艰苦的条件下,钱塘江大桥在1948年终于修复完成。这座雄伟而壮丽的大桥,又一次屹立在祖国的大地上。茅以升终于实践了自己"不复原桥不丈夫"的誓言。

新中国成立后,茅以升又参与修建了武汉长江大桥,他花了一年时间进行勘察设计。在反复比较确定桥址后,茅以升又多次进行地质钻探,把建桥当成百年大计,极为慎重。长江历来被称为"不可飞渡"的天堑,而就在这滔滔长江上,茅以升架起了雄伟的人间彩虹。再多的艰难险阻,都被他看作是不断前进的垫脚石。如今,武汉长江大桥已超过设计时的使用年限,但桥面仍顺利通车无恙。

纵观茅以升的一生,他始终与桥梁紧密联系在一起,他不仅建造了江河大桥,还修起了科普和友谊之桥。茅以升认为"科学属于人民""科普是一座通向四化的桥梁"。为此,他不遗余力地从事科普活动,写下了大量科普著作。他还经常到群众和青少年中去做科普演讲,为科技与人民之间架设了一座知识的桥梁。此外,茅以升还是一位沟通海内外友谊桥梁的工程师。新中国成立后,他先后率领中国科技代表团访问过14个国家,为促进中外科技文化的交流和各国人民的友谊辛劳奔波。他这种精神本身就是一座永远的桥!

茅以升在晚年回顾一生时说:"人生之路崎岖多于平坦,忽似深谷,忽似洪涛,好在有桥梁可以渡过,桥梁的名字叫什么呢?叫'奋斗'。""奋斗"不仅是茅以升的座右铭,更是当代青年应该秉承的一种精神。茅以升敢为人先的科技创新精神,排除一切艰难险阻、勇往直前的奋斗精神将永远在青年一代的人生道路上熠熠生辉。

"当代毕昇"王选

王选曾任中国科学院院士,中国工程院院士,第三世界科学院院士,北京大学计算机研究所教授。他是汉字激光照排系统的创始人,他所领导的科研集体研制出的汉字激光照排系统为新闻、出版全过程的计算机化奠定了基础,被誉为"汉字印刷术的第二次发明"。

王选

翻开 2002 年国家最高科学技术奖获奖者王选的家庭履历,你会为这个家庭的家学渊源及满门俊秀惊叹。他的曾祖父是同治进士,现在北京国子监石碑上还刻有他的名字,外祖父是中国第一代留学日本的学生,回来后在清朝学堂任理工科教员。就拿王选的四个兄姐来说,也都声名卓著。大姐毕业于北京协和医学院系医术精湛的专家;大哥上海交大毕业,成为煤炭系统全国劳模,曾受到毛泽东主席的接见;二哥二姐是上海复旦大学谢希德教授的重要弟子,中国科学院院士。现在我们溯王选的足迹,看看他是怎样从南洋小小模范生走上全国最高科技奖领奖台的。

言教身传　严格不失宽松

王选 1937 年生于上海。父亲王守其毕业于南洋大学(即现在的上海交大)铁路管理专业。是个认真到刻板的人。他给人写信,用复印纸留一份底稿。一次校友会让他负责发邀请信,他替自己写上一封还贴上邮票寄给自己。他的认真,使他在任高级会计师期间从未有过差错。他负责严谨的作风使王选从小受到了深深的影响,读小学时他负责班里的墙报工作,见别人的字写得潦草,就会自己重新抄一遍再用上。这种认真严谨的作风为以后杰出的贡献奠定了坚实的基础。母亲周邈清,毕业于北京贝满中学,参加过五四运动,是个具有进步思想的开明女性。尽管她 19 岁嫁到上海王家后中断了学业,但真正意义上她从没停止过学习。

她心灵手巧,会动脑子琢磨办法。

父亲为儿女们无一例外地选择南洋模范学校。应该说这所名校通过启发式的生动教学引起学生兴趣爱好和学习自觉性,使王选得益匪浅。教导主任陈有端亲自带学生参观明代科学先驱徐光启墓地,将这个最早引入和翻译西方科学著作的伟人介绍给同学;参观徐家汇天文台和佘山天文台,让科学的种子在孩子幼小的心中生根。

父亲给了王选宽松的学习环境:王选放学回家一般一个多小时便完成了学校作业,剩余时间王选玩踺子、拍皮球、打乒乓球。家里晚上有时开京戏演唱会,而王选唱的是花脸角色。后来,王选空余时间还喜欢哼几句京戏。周末全家经常到戏院看京戏。王选课余还与猫玩,还同猫一起睡。猫甚至将刚生的小猫往他的被窝里叼。他后来奇怪当时怎么一点儿也不嫌脏。他一直爱猫,散步时会特地转个弯看看邻家的猫。

父亲小时对数理化学得不扎实,见王选小学数学成绩不突出,所以对儿子特别抓紧,循循善诱要求儿子一定学好数理化。而王选却对国文产生了很大兴趣。父亲对此也不干涉。任他看四大名著,看课外书籍,看一些进步书刊。而后来这些对王选的成功起了很大的作用。因此王选回忆这段时间时曾说:"语文历史等文科知识对我后来的科研与教学大有好处,所以我们提倡理工科学生要增加人文科学知识,而文科学生也应具有更多的自然科学基础知识。"

助人为乐 首先做个好人

王选父母认定要有成就得先做个好人。一个人连人都做不好,还奢谈什么成就呢?因此他们为人正直诚实,待人宽厚,温良恭俭。他们都淡泊金钱,淡泊名利,日子过得很俭朴。而对别人,他们是那么的和蔼可亲助人为乐,见别人有困难总是伸出援手。亲戚乡邻儿女求学碰到经济困难,他们拿出自己节俭下来的钱助学,甚至帮助他们出国求学。因此那些得到他们资助的在外的学子,有成就有喜讯总是第一个报告王选父母。

父亲要求儿子与小朋友在一起要忍让,要和他们相处好,要与别人分享快乐,要与人为善。王选1947年10岁时在南洋模范学校得奖。选获奖人员时,有好几个同学得到提名。而获奖名额只有一名,老师说要品德好,还要成绩好。同学中他是最谦让礼貌的人,因此人缘极好。最后大家一致公认评上了他。这次评奖使他终生受益:学校在具体的事例中印证了父母对他的"要有成就首先得做个好人"的教育,使他认识到做个好人的重要,并以一生实践这个真理。

他后来回忆当时父亲不是一味地让他读书而是强调人品以及进行多方面的教育,不但强健了他的体质,那种少年时代户外的集体活动还培养了他与人和谐相处的合作精神,使他长期成为同学信任的学生干部,而这身份又促使他虚心接受别人批评,以身作则更为别人着想和诚恳待人。这种人格的日臻完美使他成为很好的科技带头人,团结同事们一起工作,对以后的成功起了很重要的作用。

首都楷模　源于国家需要

父亲是个具有爱国热情和刚正不阿正义感的人。这些在王选心里留下了深刻的印象,也给他树起了人生的坐标。

考上了北大数学系的王选,在大三时面临选择:数学、力学、计算数学。专业选择的正确对前途至关重要。当时他想到身为造船专家的表姐夫选择了冷门专业后来取得的成就;想到越古老、成熟越早越完整严密的理论体系,越难取得新的突破。而新兴的学科往往代表未来:越不成熟留给人们的创造空间就越大越广阔。他查资料,看到钱学森一篇访苏文章,文章谈到苏联将计算机应用于人造卫星航天工业上,同时中科院数学所胡世华教授谈数理逻辑时讲到计算机的神奇威力,谈到它的前景时说以后甚至会控制整个世界。这使王选不仅神往好奇,更使他看到了国际潮流和国家需要。他认为一个人如果将自己的工作与国家前途联系在一起会起更大的作用。也正因此他的选择比别人早了一拍——成绩优异的他毅然选择了计算数学。后来他总结说:"我的解题能力并不很好,电路电子功底和动手能力方面也不够好,但一点突出,那就是远见和洞察。具体表现就是我能比别人早一拍走到正确道路上选择计算数学，以及后来自觉地训练英语听力，再从硬件跨到软件，再二者结合研究。直到选择激光照排。"

从"局外人"到"领跑人"

1974年8月，国家计委确立了"汉字信息处理系统工程"研究项目，并命名为"748工程"。这是一个大型科研项目，下设3个子项目，分别是汉字通信、汉字情报检索和汉字精密照排。此时，承担汉字精密照排项目研究的有5个单位，其中没有北京大学，当然研究人员中也没有北大的王选。

汉字精密照排究竟应该选择什么样的研究目标，采用什么样的技术路线呢？5个研究单位各有各的看法，有的选择二代机，有的选择三代机。1975年盛夏的一天，病休在家的王选无意中从妻子嘴里听到了"748工程"这个字眼，听到了这个工程中包括的"汉字精密照排"项目，一下子就认定了"我就要搞这个"。由此，他开始走上了创造辉煌人生的道路。

王选广泛研究分析了激光照排在国际国内的发展趋势，大胆提出跳过目前正在攻关的第二代、第三代照排机，直接研制当时尚无商品的第四代激光照排系统。

为了科研，经1975至1993年的18年苦熬，王选全身心地投入了计算机激光汉字编辑出版系统的研制。

汉字的常用字在3000字以上，印刷用字体、字号又多，每种字体起码需要7000多字，这样印刷用汉字数高达100万以上，汉字点阵对应的总储量将达200亿位！然而，当时科研条件十分简陋：国产计算机内存是磁心存储器，最大容量为64KB；没有硬盘，只有一个512KB的磁鼓和一条磁带。要想实现庞大的汉字字形信息的存储和输出，在许多人看来真是天方夜谭！王选想到了信息压缩。想出了用数学方法计算汉字轮廓曲率的"高招"。经过8个月呕心沥血的奋斗，他就像一位魔术师那样，让庞大的汉字字模减少到1/500，扫清了研制汉字精密照排系统的最大障碍。不久，他又发明了汉字字形信息高速还原技术、不失真的文字变倍技术。

历经无数个日日夜夜的艰辛研发,他的成果终于在白热化的国际竞争中脱颖而出。1979年7月27日,精密汉字照排系统的第一台样机调试完毕。大家围在样机旁,紧张地注视着它的动作,机房里只有敲击计算机键盘发出的嗒嗒声。转眼之间,从激光照排机上输出了八开报纸的一张胶片,王选怀着兴奋紧张的心情接下这张可以直接印刷的胶片,各种精美的字形、字体、花边、图案美不胜收。1980年,支持这套系统的电脑软件,包括具有编辑、校对功能的软件也先后研制成功,并排印出第一本样书《伍豪之剑》;1981年7月,中国第一台计算机——激光汉字排版系统原理性样机通过国家部级鉴定;1985年,这项发明被列为年度中国十大科技成就之一;1987年5月22日,《经济日报》出版了世界上第一张完全采用计算机屏幕组版、整版激光输出的中文报纸,率先甩开了古老、落后的铅字作业;同年10月,王选教授荣获中国首届毕昇奖和森泽信夫印刷奖、国家科技进步一等奖……王选推动了中国印刷技术的变革。他攻下了汉字激光照排的世界性难题,将IBM等国际大公司赶出了这个竞赛跑道。

独辟蹊径无人区里出成果

1988年,北大新技术公司(方正集团前身)正式成立,参与王选发明的激光汉字照排系统的开发与生产,为实现王选"顶天立地"的思想提供了最好的施展空间。王选成为站立在知识经济大潮潮头的一面旗帜,方正集团成了高科技的代名词——曾雄心勃勃来华研制、销售照排系统的欧美和日本著名厂商,面对"无可挑剔"的北大激光照排系统软件而悄悄地撤出了中国市场;王选和他的团队陆续推出了远程传版技术、彩色桌面出版系统、采编流程管理的电脑一体化解决方案等等。为此,中国印刷业彻底告别了"铅与火",方正集团创造出一个产值500亿元的新兴的印刷产业,跻身于中国500家最大工业企业行列。毕昇的后代已经远远超过了其列祖列宗!

请看看他一连串的辉煌战绩吧:1961年开始软硬件相结合研究,以探讨软件对未来计算机体系的影响,从此产生创新的汩汩不断的源泉。

1965 年 ALGOL60 编译系统研究，到 1974 年终于用现代技术对我国传统的印刷业进行彻底改造，1979 年输出报版样张，标志硬件系统成功。1980 年第一本用国产激光照排系统排出的样书《伍毫之剑》诞生，"北大方正"诞生……

　　从北京大学成立计算机科学技术研究所到激光照排成功，使我国的印刷业告别铅字翻开崭新的一页，一路上印着王选一个个坚实的足迹。仅专利就获得 9 项。1985 年获国家科技成果奖。1999 年获"首都楷模"荣誉。2002 年获国家最高科技奖，同年获得北大重奖 500 万。

创业精英

"铁人"王进喜

贫苦童年

王进喜,1923 年 10 月 8 日出生于甘肃省玉门市赤金堡一个贫苦的农民家庭。母亲何占信,父亲王金堂。40 岁得子的王金堂,按照当地的习俗,把孩子和包孩子用的筛子放在秤上称,结果是正好十斤,于是就给孩子起名"十斤娃"。王金堂按照家谱往下排,给孩子起名王进喜,希望他欢欢喜喜去上学,学到本领后重整家业。

王进喜

1929 年,玉门遭受了百年不遇的灾荒。为了活命,6 岁的王进喜用一根棍子领着双目失明的父亲沿街乞讨。再大一点,父亲的眼疾越来越厉害,单靠乞讨已不能维持生计。为了挣钱给父亲治病,王进喜不得不给地主家放牛。但就算是这样,王进喜和父亲也常常是吃了上顿没下顿。王进喜的童年就是在这样的困窘中度过的。

1938 年,15 岁的王进喜进入旧玉门油矿当童工,年龄虽小,却干着和大人一样的重活儿,还经常挨工头的打骂。他不甘压迫,奋起反抗,但也常因此而受到惩罚。带他的师傅很帮他,还给他讲骆驼"攒劲"的故事,告诉他要讲究斗争方法,培养"耐力"。正是这种苦难的经历,练就了他刚毅坚韧、倔强不屈的性格。

艰苦创业

从 1950 年春天成为我国第一代钻井工人开始,王进喜就一直待在老君庙钻探大队。他勤快、能吃苦,各种杂活抢着干。他曾说:"党把我们当主人,主人不能像长工那样磨磨蹭蹭、被动地干活。"在艰苦的钻井生产实践中,他养成了坚忍不拔的品格和大公无私的思想。

1956 年,王进喜迎来了人生旅途中一个新的起点。那年 4 月 29 日,他光荣地加入了中国共产党。入党不久,王进喜担任了贝乌 5 队(1205 队前身)队长,带领贝乌 5 队在当时的国家石油工业部组织的以"优质快速钻井"为中心的劳动竞赛中,提出了"月上千,年上万,祁连山上立标杆"的口号,创出了月进尺 5009.3 米的全国钻井最高纪录。同年 10 月,王进喜到新疆克拉玛依参加当时的国家石油工业部召开的现场会。时任石油工业部部长余秋里把一面"钻井卫星"红旗颁发给他。贝乌 5 队被命名为"钢铁钻井队",王进喜则被誉为"钻井闯将"。

1960 年,东北松辽石油大会战打响。那年 3 月 25 日,王进喜带领1205 钻井队到了萨尔图车站。下了火车,他不问吃住情况,而是问钻机到了没有、井位在哪里、这里的钻井纪录是多少,恨不得一拳头砸出一口油井来。石油大会战在极端困难和恶劣的环境中展开了。

钻机是王进喜带人运到井场的,也是他和钻井队的同志们竖起来的。

没有吊车?没有拖拉机?汽车也不足?不要紧!可以用撬杠撬、滚杠滚、大绳拉的办法,四天搞定!

没有打井用的水?不要紧!附近的水泡子不是有水吗?可以破冰取水!没有大型工具运水怎么办?不要紧!可以用脸盆端、水桶挑!

那年 4 月 19 日,萨 55 井胜利完钻,进尺 1200 米,首创 5 天零 4 小时打一口中深井的纪录。

之后,1205 钻井队准备往第二口井搬家时,王进喜的腿不幸被砸伤,但他仍然坚持在井场工作。当时由于地层压力太大,第二口井打到700米时发生了井喷。

怎么办?危急关头,王进喜不顾腿伤,扔掉拐杖,带头跳进泥浆池,用身体搅拌泥浆来压井喷,最终降服了这头怪兽!

房东赵大娘看到王进喜整天领着工人不分白天黑夜地干,饭做好了也不回来吃,感慨地说:"你们的王队长可真是个铁人哪!"自此,"铁人"称号传遍神州大地。

那年4月29日,在"五一"万人誓师大会上,王进喜成为石油大会战树立的第一个典型,成为石油大会战的一面旗帜。也就是在这次大会上,他喊出了对祖国的铮铮誓言:"宁肯少活二十年,拼命也要拿下大油田。"

在这样的口号激励下,轰轰烈烈的石油大会战很快取得了显著成果。1960年6月1日,大庆油田首车原油外运。年底,大庆油田生产原油97万吨。"铁人"王进喜带领钻井队为中国石油事业的发展创下了一个又一个的奇迹。

"石油工人一声吼,地球也要抖三抖。石油工人干劲大,天大困难也不怕。"这首曾经被毛泽东主席引用过的诗歌,是铁人王进喜在艰苦卓绝的石油大会战中,以生命的底蕴吼出来的。

奋斗不止

王进喜既是吃苦耐劳的实干家,也是科学求实的典范。在科技领域,他以"识字搬山"的意志刻苦学习,带领工人们以创造性的劳动,创出一个又一个优异的成绩。他说:"干,才是马列主义。不干,半点马列主义也没有!"

为提高钻井速度,他和工人们改革游动滑车;为打好高压易喷井,他带领工人们研究改进泥浆泵;为提高钻井质量,他和科技人员一起研制成功控制井斜的"填满式钻井法"。他还在多年的钻井工作中摸索出一套高超的"钻井绝技",能根据井下声音判断钻头磨损情况。

虽然取得了很多成绩，但王进喜从不居功自傲，始终保持谦虚谨慎的作风，对工人及其家属关怀备至，对自己和家人却严格要求。

1964年底，他当选为第三届全国人大代表，出席大会并代表石油工人做了《用革命精神建好油田》的发言。回来后，他一边参加劳动一边听取群众意见，解决工人的实际问题，成为大家的知心朋友。

那时我国经济发展水平还比较落后，石油工人们的生活和工作条件一样，不是很好。天冷时工友们工服不保暖，王进喜就到缝补厂建议把棉工裤后腰加高加厚，给工人做皮背心和皮护膝。住房、吃粮面临困难时，王进喜就利用工余时间带领职工和家属开荒种地，烧砖、割苇，盖"干打垒"住房，让工人和家属"吃饱肚子去会战""回来有个窝"。钻工子女没处上学，王进喜就带领工人们在大队机关附近支起一顶帐篷，建起了大队级第一所小学——帐篷小学。后来，人们为了纪念王进喜，把这所小学命名为"铁人小学"。

王进喜家是个大家庭，全家10口人，弟妹子女还要上学。为了维持全家生计，王进喜叫老母亲管账，精打细算过日子。因为家庭困难，王进喜得以享受每月30元的"长期补助"，但他自己却从来不花，而是把这些钱都补助给困难职工。他还拒收大队给他家送去的猪肉和面粉。

因为王进喜患有严重的关节炎，上级为照顾他，给他配了一台吉普车。但是他却把车用来给井队送料、送粮、送菜，拉职工看病，自己的老母亲病了却只能坐自行车去卫生所。与他爱人同期来油田的家属多数已转成正式职工，他的爱人却在队里一直做着烧锅炉、喂猪的工作。廉洁奉公，无私奉献，甘当党和人民的"老黄牛"，这就是王进喜无悔的人生。

鞠躬尽瘁 死而后已

王进喜一直忧心于国家的油田生产建设。1966年，大庆油田生产受到严重干扰和破坏，王进喜急了。1966年12月31日，他毅然到北京向周恩来总理汇报了大庆油田生产面临的严峻形势。返回大庆后，他走遍油田,传达和贯彻总理的指示精神——"大庆石油生产一天也不能停!"

1970年4月5日,全国石油工作会议在玉门召开,王进喜作为特邀代表参加大会。玉门会议期间,王进喜胃病发作。后经检查确诊为胃癌,而且是晚期。病中的王进喜心里仍然挂念着油田生产建设和广大职工家属。那年国庆节后,他的病情急剧恶化,走到了人生的终点。临终前,他用颤抖的手取出一个小纸包,交给守候在床前的一位领导同志。纸包里竟是他住院以来组织给他的全部补助款和一张记账单。王进喜说:"这笔钱,请把它花到最需要的地方去,我不困难。"在场的人无不为之动容。

1970年11月15日,王进喜永远地离开了,年仅47岁。

王进喜一生心系钻井,魂系石油,为国争光,为民族争气。"铁人",这个刻在历史上的名字,永远被世人记忆和怀恋,他不仅是一个时代的标识,更是在伟大的创业实践中挺立的整个国家和民族的精神脊梁。

采煤状元王润刚

"土窑窑"里走出了一个有想法的采煤工

1967年9月的一天,王润刚出生在内蒙古自治区乌海市的一个农民家庭。在这个因矿而生的城市里,80%的市民居住在被称为"土窑窑"的屋子里,王润刚家也不例外。

上世纪六七十年代,中国还处在物质极度贫乏的时期。王润刚一家的生活靠在煤矿上工作的父亲。为了减轻父亲的压力,成绩一直优异的王润刚,初中毕业后没有继续读高中,而是选择了当地的煤炭职业技术学校。在他看来,技校毕业就可以参加工作,这是缓解家里负担最快的一条路子。

王润刚

"我对当初的选择并不后悔,作为家庭一员,我有责任为这个家做点事情,减轻负担。"他说。

1987年8月,从技校毕业的王润刚被分配至黄白茨矿业公司,成为一名矿工。虽然乌海市是一个典型的煤炭型能源城市,但在这里,采煤工也受到歧视。"很多人觉着采煤工是底层弱势群体,工作条件脏、乱、差不说,还随时有生命危险,福利待遇也不好。但我认为,工作不分高低贵贱,俗话说得好,三百六十行,行行出状元。"王润刚说,"如果所有人都认为当采煤工人不好,都不愿做这份工作,那没有煤炭的中国,会变成什么样子?"他也因此决心好好干,要做出成绩,为采煤工人立一个好榜样。

"钢铁"是这样炼成的

凭着执着和坚持,王润刚在采煤一线一干就是22年。

期间,朋友多次给他介绍对象,对方大都因为他的工作原因而拒绝。亲戚后来也因此无奈地劝他:"赶紧换个工作吧,要不连媳妇都讨不上。"王润刚不为所动,他信奉"只要是金子,在哪儿都会发光"。他说:"在当采煤工人的日子里,虽然条件很苦很累,偶尔还被歧视,但是我感觉过得很充实。年轻人吃点苦、受点累、受点委屈不算什么。"他相信,这些经历终将成为一笔不可多得的人生财富。

就这样,王润刚从一名采煤工干起,踏踏实实,勤勤恳恳,保质保量地完成各项工作任务,赢得了领导的肯定、同事的信赖。他也从最开始的采煤工人,成长为班长、副队长、队长,直到走上公司管理岗位,成为工会主席。

工作之余,王润刚保持了良好的阅读习惯。他说:"印象中,对我影响最深的一本书是《钢铁是怎样炼成的》,书中主人公保尔·柯察金的精神一直鼓励着我。"

接受挑战也是走向成熟的重要阶梯

2004年,对于王润刚来说,是不平凡的一年。

"年初,集团公司决定成立一个新的综采队,此时恰逢黄白茨矿业公司破产重组,"王润刚说,"其直接影响就是缺乏人才。"很多熟练工种、技术工人被买断工龄,与企业解除了劳动合同,王润刚介绍:"综采、综安两个队留下的工人不足 50 人,并且只有一半能派上用场,组织一个原班都困难。"这种打击对于处在组建期的综采队来说,几乎是致命的。

　　当时的困难不只这个。

　　正在开采的 0910 工作面采面较远,单程路就要用 40 分钟,而且采面地质条件不好,倾角大,运输系统复杂。再加上设备老化,液压牵引采煤机和液压支架性能落后,故障频发,就连来此视察的集团公司老总张喜武都感慨说:"这种设备也能出煤?!"

　　那时一个综采队年生产煤不过 10 万吨,工人工资收入只有七八百元,劳动积极性普遍不高。很多人都不愿趟这浑水,接手这个人心涣散、困难重重的烂摊子,此前队长换了四五任,就连不少有着丰富的采煤经验和管理经验的一流行家里手也悄然隐退。

　　公司经过反复斟酌,决定启用素有"检修大拿"之称、有着 17 年采面工作经验的王润刚。

　　面对如此被动局面,王润刚没有太推辞。他说:"逃避不是办法,总得有人来干,只要办法想足,功夫下到,我相信一定能够完成任务。"

解开硬疙瘩

　　2004 年 1 月 4 日,元旦刚过,王润刚正式走马上任。新官上任的他只点了一把火——制定公开、透明的按劳取酬工资分配制度。工人挣多少钱,自己心里一清二楚,并且他郑重表态:"工人的工资一定兑付,公司不给,我从家里拿钱补。"

　　但这并没有换来同事们的信任和拥戴,就连集团公司指配的随队的老书记都对王润刚心里没底。这是王润刚工作以来遇到的最棘手的问题,他意识到:这个问题不解决,"后患无穷"。

王润刚注意到一个小细节,井下开采出来的煤经工作面运输机到转载机上没有问题,但因为井下潮湿,从转载机再到胶带运输机的过程中,传送带和行道内有不少积水,导致煤炭经常滑落,无法准确及时传送出去。为此,王润刚成立了专门的抽水队,"先把水抽干,再运煤"。这个小小的改变,解决了运送环节拖沓的"历史遗留问题"。这一招让老书记很是佩服,他甚至自言自语地说:"这么简单的事情,怎么之前就没想到呢?!"

当时正值年关岁末,组织正常的生产非常困难,因为没有足够的工人。王润刚就与其他队领导一起扎到工人当中,走访谈心,苦口婆心地劝说工人加班加点生产。工人缺岗时,他就和其他队领导充实到工人岗位上,一起干活。面对老化陈旧的设备,他千方百计、想方设法,没有条件创造条件:支架被压坏,十字劈开一分四瓣,他用大链捆好拉着干;采面倾角大,支架严重倾斜,移架时不厌其烦地用单体支柱将倾斜的支架摆正再移,在保证安全的情况下让它不至于影响生产。

功夫不负有心人。2004年2月份,综采队奇迹般地超产1万吨,超额完成了公司下达的2.9万吨的任务,工人当月工资收入达2000多元。员工们由此看到了,这个新领导不是在要嘴皮子,只要下功夫,总会有变化有收获,士气由此大增。

两个月的时间,"我几乎没有回过家,就连春节,也只是匆匆看了一眼老父亲,都没在家吃上一顿饭,就返回到工作岗位"。就这样,王润刚不断地优化生产流程,按时完成任务。他的威信也在这点点滴滴的"小事"中不断累积。

苦干加巧干

2005年,综采队搬家进入十二层盘区。这是黄白茨矿业公司第一个大采高工作面,公司还下达了10万吨采煤任务,王润刚感到了肩上责任的重大。"压力主要来自两个方面,一个是高采面工作难度大,对于能不能完成任务，心里确实没底；另一个是如果完不成任务，工友们的收入就会减少，这会让我感觉对不起他们。"王润刚说。

王润刚开始沉下心来研究这个矿。经过反复观察之后他发现，"由于该面使用大修的液压支架是 20 世纪 80 年代生产的，和现在的刮板机不配套，配合不紧密，机头、机尾上飘，每割一刀煤，就要移两到三次支架，工人多费了许多力气不说，顶板安全也存在隐患。"

针对这些情况，王润刚决定外出取经，但是结果不理想，他决定自己想办法！凭着多年的经验，经过一个多月的摸索试验，他对采煤工序大胆地进行了改革，自创了"一次性采全高"采煤法，使溜头、溜尾不再上飘，达到了采煤循环的进度。

通过一系列深入细致的工作，王润刚带出了一支敢打硬仗、能征善战的黄白茨矿业公司乃至乌达矿业公司的品牌队伍。2005 年，综采队生产原煤 115 万吨，月单产最高 15 万吨。2006 年、2007 年分别生产原煤 145 万吨、185 万吨，创造了乌达矿业公司综采单机单面日产、月产、年产的历史最高纪录，受到了上级领导的高度赞扬和重奖。综采队队员收入也连年翻番，由 2004 年重组时的人均 7400 元/年增加到 2007 年的 4 万元/年。

走进大会堂，心系老百姓

辛勤的付出换来丰硕的劳动成果，也赢得了荣誉和肯定。王润刚连续十多年荣获黄白茨矿业公司、乌达矿业公司"先进工作者"称号，2005年荣获黄白茨矿业公司"十佳突出贡献员工"荣誉称号，2006年被评为"全国煤炭工业协会百佳优秀采煤队长"。

2007 年，经过层层推举，王润刚当选全国人大代表。对王润刚来说，这一切来得似乎有些突然。"虽然每天工作很繁忙，但我琢磨，既然当选为人大代表，就不能辜负人民对我的期望。"他说。

在资格审查的那段日子，他翻阅了大量书籍，上网查阅了大量关于我国的人民代表大会制度的资料，了解相关的知识，并且拜访了乌海市上届全国人大代表孔令宏，就怎样当好人大代表以及建议和意见的整理等事宜虚心请教。孔令宏告诉他："到下面多走走，多看看，了解问题的方方面面，形成全面综合的想法，然后把它反映出来。"

王润刚记下了孔令宏的建议，也坚决地实践。

名家名流

国学大师季羡林

寒门出贵人

1911年8月6日,季羡林出生于山东省临清市康庄镇一个连贫农都算不上的贫困农家,祖父季老苔,父季嗣廉,母赵氏,农民。叔季嗣诚。

在他的记忆里,一年大概只能吃一两次白面,吃得最多的是红高粱饼子。为了吃一顿好吃的,年幼的季羡林把割的青草或高粱叶背到二大爷家里,喂他的老黄牛,并"赖"在那里不走,等着吃一顿玉米面饼,打打牙祭。

有一年夏天,季羡林拣了一小篮麦穗,高高兴兴地给了母亲。母亲小心翼

季羡林

翼地把麦穗磨成面,并贴了一锅死面饼子。季羡林越吃越馋,饭后,他又偷了一块吃。母亲发现后追着要打他。赤条条的季羡林连忙逃到房后,往水坑里一跳。母亲拿他没法,只好站在水坑边上,看着儿子站在水里,把剩下的白面饼子津津有味地吃完。看着孩子的样子,母亲也笑了。

到了该上小学的年龄,他的命运有了转机。由于季羡林是季家下一代里唯一的男孩儿,所以父亲和靠做小生意糊口的叔叔商量,让他到济南的叔叔家接受教育。1917年春节过后,季羡林的父亲骑着毛驴,带着

6岁的他走了两天到了济南,把小季羡林托付给了弟弟季嗣诚。自此,季羡林也担起了父亲和叔叔要他光宗耀祖的希望。

叔叔对季羡林的期望很高,要求极严。为了把侄子培养成一个能光耀门楣的、有出息的人,叔叔不惜代价,节衣缩食,给侄子报了两个课外学习班。季羡林从初一开始,每天放学后先去古文学习班学古文,晚饭后,再到"尚实英文学社"去学英文,一直到晚上十点才能回家。就这样,季羡林坚持了近八年,而且他非常珍惜这来之不易的学习机会。这八年的勤奋与坚持,为他日后的国文和外文的学习与研究打下了坚实的基础。

季羡林从小养成的勤奋学习的好习惯一直伴他终身。季羡林博学多识、著作等身,这些成果与他的勤奋和执着密不可分。作为"国学大师"和"学界泰斗",季羡林学术研究领域很广,用他自己的话说是"梵学、佛学、吐火罗文研究并举,中国文学、比较文学、文艺理论研究齐飞"。他平均一年有20万字的作品问世,90岁高龄时,他在病榻上都没有停止过学习和写作。

百转千回只为责任

1935年,季羡林赴德国留学,研究印度学,学梵文、巴利文等。由于战争缘故,他留在德国10年。对故土的思念使他经常在泪光的幻影里能看到母亲的模样。后来他在《留德十年》中写道:"我一生有两个母亲:一个是生我的那个母亲,一个是我伟大的祖国母亲。我对这两个母亲怀着同样崇高的敬意和同样真挚的爱慕。"一方面思念祖国和母亲,但另一方面,欧洲有丰富的梵文资料供他研究用,而那时的中国几乎没有谈及印度学的书刊。季羡林陷入了两难的境地:"如果不回去,我就是一个毫无良心的,失掉了人性的人。如果回去,则我的学术前途将付诸东流。"最后季羡林决定:"我要离开,这里只是我的第二故乡,我的祖国更需要我。"季羡林告别了他待过十年的"第二故乡"——德国哥廷根,用了半年多时间,一路辗转,终于在 1946 年 5 月 19 日抵达上海,回到了久别的祖国。经陈寅恪推荐,季羡林到北京大学任教,并创立了东语系。

回到北大后季羡林发现国内梵文典籍十分匮乏,研究困难重重。正这当口,季羡林收到了来自英国剑桥大学的聘约,邀请他到剑桥大学任教。剑桥大学良好的科研条件使得季羡林动心了。犹豫之际,他决定先回济南看看老家的情况。

当他跨进阔别 12 年的家时,他惊呆了:叔父年迈多病,十几年未见的妻子,因为操劳老了许多。16 岁的女儿和 12 岁的儿子,用陌生的眼神看着他。悔恨、内疚的季羡林出于对家庭的责任,决定放弃剑桥大学的聘书,留在国内。并在这个艰难的条件下,凭借刻苦钻研,最终成为中国现代东方学科的开创者和奠基人。

很多人都通过季羡林的文章和照片知道他非常喜欢猫。喜欢与猫同眠的他为了不惊醒熟睡的猫,忍着被压疼的腿,也绝不动一下。他对待动物尚且如此仁厚,对待老师、朋友和学生更是常怀感恩和仁爱的心。

留德时期,食物因战争而匮乏,生活难以为继。季羡林为了给年迈的西克教授增加点营养,就克扣自己少得可怜的定量食品,拿给西克教授。季羡林两个月没有吃一点奶油,把它全部节省下来。他自己也想不起来他是怎样弄到了一点面粉和一斤白糖,请一家糕点店烤了一个蛋糕,这个蛋糕在当时的德国比黄金还要珍贵一百倍。当西克教授推开门,看到雪地里一个清瘦的中国学生捧着这个蛋糕时,他激动得连话都说不出来,连"谢谢"都忘了说。季羡林说:"这当然会在我腹中饥饿之火上又加了一把火。然而我心里是愉快的,这也成为我一生最愉快的回忆之一。"

不仅如此,季羡林对朋友、学生和慕名而来的陌生人都以礼相待。上世纪 80 年代初,新学期开学的第一天,一名男生准备办理入学手续,需要找个人替他看管行李,他看到了穿着打扮似工友的季羡林,于是说:"老师傅,帮我看会儿行李,我去办手续!"季羡林欣然答应了。一个多小时后,那个新生回来对站在太阳底下的季羡林说:"谢谢您,老师傅!"第二天新生开学典礼上,那个让季羡林看行李的愣小伙儿傻眼了:给我看了一个多钟头行李的"老师傅",竟然是北京大学的副校长,大名鼎鼎的季羡林!他感叹自己"有眼不识泰山"。

香港回归前夕,曾在北大校园里做清洁工的魏林海想与几位书画爱好者一起组织一个书画展,请名画家题词被拒后,他找到季羡林。听明来意后,季羡林爽快地答应了,为魏林海的书画展题写了横幅:"六郎庄农民书画展",并在自己的一本散文集上题写"梅花香自苦寒来",赠送给魏林海。魏林海为此万分感激。

季羡林老先生在301医院住院的时候,一位年轻护士偶然对他说起某报正在连载老先生的著作《留德十年》,并且说自己很爱看。老先生马上派人买来,说"书是给人看的,哪怕有几句话对年轻人有用了,也值得"。结果全医院的医生、护士都想要一本。最后,老先生总计送出去600本,而且一本本地签名。

三辞"桂冠"

一辞"国学大师"之称。

季羡林说:现在在某些比较正式的文件中,在我头顶上也出现"国学大师"这一光环。说到国学基础,我从小学起就读经书、古文、诗词。

对一些重要的经典著作有所涉猎。但是我对哪一部古典、哪一个作家都没有下过死工夫,因为我从来没想成为一个国学家。

后来专注其他的学术,除了尚能背诵几百首诗词和几十篇古文外,自己的国学知识并没有增加。环顾左右,朋友中国学基础胜于自己者,大有人在。

在这样的情况下,我竟独占"国学大师"的尊号,我连"国学小师"都不够,遑论"大师"!

二辞"学界(术)泰斗"之称。

季羡林说：在人文社会科学的研究中，说我做出了极大的成绩，那不是事实。说我一点成绩都没有，那也不符合实际情况，作出巨大贡献的人很多。

但是，现在却偏偏把我"打"成泰斗。我这个泰斗又从哪里讲起呢？

三辞"国宝"之称。

季羡林说：在一次会议上，北京市的一位领导突然称我为"国宝"，我极为惊愕。到了今天，我所到之处，"国宝"之声不绝于耳，我很疑惑。

是不是因为中国只有一个季羡林，所以他就成为"宝"。但是，中国的赵一钱二孙三李四等等，也都只有一个，难道中国能有十三亿"国宝"吗？

三顶桂冠一摘，还了我一个自由自在身。

这些永远地留在了人们的记忆里。2006年，感动中国组委会这样评价他："心有良知璞玉，笔下道德文章。"

季老的一生从没有放下手中的笔，从没有放弃教书育人，他的学识和品格都为人所敬仰。他把心留在东方，把学问传向世界。

正如温总理所说的那样，季羡林之风，山高水长，让人景仰。他对于学术的热爱、家国的忠诚和名利的淡泊是后人学习的榜样，百年燕园也因他的气节而更显魅力。

用建筑讴歌生命的梁思成

我们记得梁思成，绝不仅仅因为他是启蒙领袖梁启超的长子、一代才女林徽因的丈夫，更是由于这位建筑学大师一生痴心的事业是一种中华文明的救赎——他调查、整理和研究了中国古代建筑，竭力挽救这些东方智慧与艺术的结晶于没落、战火以及狂热的破旧立新之中……

清华园中　翩翩少年展才华

1901年4月20日，梁思成在日本出生。这一年，正是"百日维新"失败后的第三年，他的降生给四处流亡的梁启超带来了莫大安慰。11 岁时，梁思成回到北京，并于 14 岁入读清华学校（清华大学前身）。走入了清华园，聪颖的梁思成立刻就成为了老师和同学眼中的"活泼少年"。

梁思成

梁思成的老同学陈植回忆："在清华的 8 年中，思成兄显示出多方面的才能，善于钢笔画，构思简洁，用笔潇洒。曾在《清华校刊》任美术编辑，酷爱音乐，与其弟思永及黄自等四五人向张蔼贞女士学钢琴，他还向菲律宾人范鲁索学小提琴。在课余孜孜不倦地学奏两种乐器是相当艰苦的，他则引以为乐。约 1918 年，清华学校成立管乐队，由荷兰人海门斯指挥，1919 年思成兄任队长，他吹第一小号，亦擅长短笛……此外，思成还与同班的吴文藻、徐宗漱等四人，将韦尔斯的《世界史纲》译成中文（经梁启超校阅后），由商务印书馆出版。"

会乐器，能画画，文采也不错，本就出众，梁思成竟然还是运动场上的高手。成为清华大学建筑系主任后，梁思成曾和学生们提起该段往事："别看我现在是又驼又瘸，可是当年我还是马约翰先生的好学生，有名的足球健将，在全校运动会上得过跳高第一名，单双杠和爬绳的技巧也是呱呱叫的……"

而在所有的爱好中，梁思成最得意和最拿手的还是美术。在做各类校刊时，他常常"一次同时做几种（不同风格和不同手法）画，以从中获得新的浪漫感"。正是由此，再加上后来受林徽因的影响，梁思成后来才选择了学习建筑。

南长街前　纪念国耻遭车祸

当年的清华学校是一所留美预备学校。1923 年，马上就要完成学业的梁思成正在做赴美准备，但就在 5 月 7 日，不幸发生了意外。

那天，梁思成和弟弟梁思永骑一辆摩托车去天安门广场，参加北京学生举行的"国耻纪念日"活动。行至南长街时，他们被军阀金永炎的汽车撞伤。金永炎甚至连车都没下，仅从窗口扔出自己的名片给前来处理后事的警察，便扬长而去。这次事故最终导致梁思成左腿骨折、脊椎受伤，落下了跛足的残疾。并且因为脊椎病，他不得不长期装设背部支架。

这场意外让梁思成只得推迟一年赴美，他自己很焦急，但梁启超却认为利用这段时间多读些国学也是有益的。于是，就在这一年，梁思成为自己夯实了深厚的国学基础。当然，若要说因祸得福，这次车祸也间接促进了梁思成与林徽因的感情。梁、林两家是世交，1920 年，在两家长辈的安排下，19 岁的梁思成初识 17 岁的林徽因，一见倾心。在医院养伤期间，林徽因常去看望梁思成，坐在床边给他拧手巾擦汗，两人的感情日渐亲密。

大洋彼岸　遨游建筑天地间

在梁、林的接触中，林徽因提起以后要学建筑学，梁思成后来回忆："我当时连建筑是什么还不知道，林徽因告诉我，那是集艺术和工程于一体的一门学科。因为我喜爱绘画，所以也选择了这个专业。"

1924 年，这对年轻恋人结伴赴美，到宾夕法尼亚大学学习建筑学。而刚到宾大不久，梁思成就迎来了一个影响了他一生选择的提问。

据他们的好友、美国学者费慰梅回忆：开课不久梁思成就参加了建筑史教授古米尔为二年级学生开的一门课。上了几堂课以后，他跑去找古米尔，说非常喜欢建筑史，从来不知道世上有如此有趣的学问。古米尔反问他有关中国建筑史的情况，梁思成回答，据他所知还没有文字的记录,中国人从来不认为建筑是一门艺术,也从不重视它,但他本人不甚赞同。

此后,梁思成一边回味着古米尔的问题,一边尽情徜徉在建筑艺术的世界。宾大建筑系一位年轻的教师约翰·哈贝孙(后来成为著名建筑师)曾报告说,梁思成林徽因的建筑图作业做得"棒极了"。费慰梅也回忆,在梁思成的大学时代,他的才华可由两枚设计金奖及其他奖励得到证实。

1925 年,梁启超专门寄给梁思成一本古籍善本《营造法式》,这是迄今为止中国最早的一部建筑标准手册。梁启超在附信中评论:"一千年前有此杰作,可为吾族文化之光宠也。"梁思成从此下定决心把中国建筑史研究透。

1927 年,梁思成和林徽因双双毕业。第二年,梁思成为完成自己在哈佛大学的博士论文而与林徽因回到祖国。同年 9 月,他们首先来到沈阳,梁思成受聘成为东北大学工学院建筑系主任。在这所洋溢着改革生气的大学,梁思成以宾大建筑系毕业不到一年的学生的身份,与林徽因一手创建了我国最早的一个建筑系。近三年后,他们迁居北平,继而奔走大江南北、荒山野岭,开始了他们梳理中国建筑史的事业。

烽火大地　千年瑰宝重出世

到野外寻访古建筑,不可能是轻松浪漫的事。道路艰险,土匪、军阀更是横行一方。梁思成腿有残疾,脊椎也要常年穿一个铁马甲支撑,炎热季节非常痛苦。野外和农村环境的恶劣对世家出身的夫妻俩来说,是超乎想象的。正如 1936 年考察洛阳龙门石窟时梁思成写到的那样:"我们回到旅店铺上自备的床单,但不一会儿就落上一层沙土,掸去不久又落一层,如是者三四次,最后才发现原来是成千上万的跳蚤。"

梁思成的第一次野外考察发生在 1932 年。他的好友杨廷宝见到一幅古怪的寺庙照片,图注"蓟县独乐寺"。这令梁思成十分兴奋。回忆那次行程,梁思成说:"这是一次难忘的旅行,是我第一次离开主要交通干线的经历。"

此后,从1932到1940年,梁思成在长达8年的时间里,踏遍河北、山西、浙江、山东、河南、江苏、陕西以及京内、京郊,到过200多个县,调查古建筑2700余处。在这样的基础上,他和林徽因完成了《中国建筑史》和《中国雕塑史》两部书稿,获得国际学术界的高度赞扬。

一路考察,梁思成一次次地为这些遗世独立的古建筑所折服。1933年,他看到应县木塔时,不禁赞道:"好到令人叫绝,半天喘不出一口气来。"而对于他和林徽因来说,令他们更加惊呼的是发现了佛光寺。

1937年6月26日,他们一行四人在山西五台山一个偏僻村落找到了这座古老寺院。梁思成惊喜地发现寺院梁架上有古法"叉手"的做法,这是国内木构中的孤例,这种做法只有在唐代绘画中才有。而两天以后,林徽因又在一根大殿梁的根部发现了很淡的墨迹,依稀可读出:佛殿主女弟子宁公遇。此时,林徽因猛然想起,大殿前耸立的经幢上有同样的字迹,柱上刻的年代是"唐大中十一年",相当于公元857年——横梁和经幢上的字迹吻合在了一起。佛光寺,一座最迟建造于公元857年,保存完好的唐代木构建筑就这样被发现了。

"这是我们这些年的搜寻中所遇到的唯一唐代木构建筑。不仅如此,在这同一座大殿里,我们找到了唐朝的绘画、唐朝的书法、唐朝的雕塑和唐朝的建筑。个别地说,它们是稀世之珍,加在一起它们更是独一无二的。"梁思成在发表于1944年的《记五台山佛光寺建筑》一文中这样写道。

不过,可惜的是战火在此时已焦灼不堪。1937年7月9日,《北平晨报》上登出梁思成发现唐代建筑寺院的消息的同时,还报道了"七七事变"。国难当前,这一中国建筑史上最伟大的发现,顿时显得无足轻重。直到1961年,佛光寺才和敦煌千佛洞、北京天安门、故宫等一起被列为国家文物局公布的首批国家重点文物保护单位。

改天换地　短暂飞扬归炼狱

1946 年 7 月，梁家终于结束逃亡生涯，回到北平，梁思成夫妇着手创立清华大学建筑系。1947 年底，第二次赴美讲学深造的梁思成决定回国。此时，很多朋友劝他不要回去，梁思成只说了一句话："共产党也要造房子。"

1948 年，他们的老朋友、民主人士张奚若带着两个解放军来到梁家，解放军军官给梁思成一份地图，请他标出当必须使用大炮的时候要加以保护的珍贵建筑和文物，并表示："请您放心，为了保护我们民族的文物古迹，就是流血牺牲也在所不惜。"梁思成和林徽因因为这两位解放军的到访而更加坚定了自己当初的选择。

此后，梁思成对社会主义制度充满了向往。梁思成的儿子梁从诫回忆道："1949 年，我父亲兴奋得不得了，我母亲病成那样，也是同样的兴奋。因为他们认为社会主义制度是一个有计划的制度，土地是公有的，一切活动都是计划性的，这样才有可能来通盘规划一个城市，使这个城市能够按最科学、最合理的方式来加以总体规划、总体建设。只有共产党才能解决这个问题。"

此时的梁思成似乎走向了人生的再一次辉煌，他担任着清华大学建筑系主任、全国人大代表、政协委员，负责中南海改建、国徽的设计、人民英雄纪念碑的设计，他是建筑学界的泰斗，是受人尊敬的大学者。

然而很快，这众多的光环就将他的心反衬得越来越痛。北京城面临着重新规划，梁思成的心中却笼罩着不祥的预感。他与时任北京市都市计划委员会总规划师兼企划处处长陈占祥建议保护北京旧城，另辟新区，提出"梁陈方案"，但却没有被采纳；他心中明白北京古老城墙危在旦夕，饱含深情地描述着它们可以化为公园，"可以砌花池，栽植丁香、蔷薇一类的灌木……夏季黄昏，可供数十万人的纳凉游息……"然而，他等来的却是拆掉大城墙和城门楼势在必行。

拆北海团城时,梁思成在争论中勃然大怒,最后径直去找周恩来总理才把团城保留了下来。

1972年1月9日,梁思成走完了自己跌宕起伏的一生。留下了众多凝聚着心血的价值极高的学术成果,也留下了作为理想丈夫和理想人格代表的杰出形象,更留下了他沧桑的背影以及从灵魂深处迸发出的保护民族文化遗产的血泪呐喊。

而今,梁思成对于古建筑保护的声声叹息,依然飘荡在喧嚣的城市上空,敲击着每一个人的心灵……

侠之大者金庸

金庸出生于1924年2月6日,原名查良镛(英文名 Louis Cha),当代著名武侠小说作家、新闻学家、企业家、政治评论家、社会活动家,《中华人民共和国香港特别行政区基本法》主要起草人之一、香港"大紫荆勋章"获得者、华人作家首富。金庸是新派武侠小说最杰出的代表作家,被普遍誉为武侠小说史上前无古人后无来者的"绝代宗师"和"泰山北斗",更有金迷们尊称其为"金大侠"或"查大侠"。与黄沾、蔡澜、倪匡并称"香港四大才子"。

金庸祖籍为江西省婺源县,1924年出生在浙江海宁。查家为当地名门望族,有"唐宋以来巨族,江南有数人家"之誉。历史上查家最鼎盛期为清康熙年间,以查慎行为首叔侄七人同任翰林,有"一门七进士,叔侄两翰林"之说。

1937年,金庸考入衢州一中,离开家乡海宁。1939年,15岁的金庸和同学一起编写了一本指导学生升初中的参考书《给投考初中者》,畅销内地。这是此类书籍在中国第一次出版,也是金庸出版的第一本书。1941年日军攻到浙江,金庸进入联合高中,那时他17岁,临毕业时因为写讽刺黑板报《阿丽丝漫游记》被开除。(另一说是写情书)1944年考入重庆国立政治大学外文系,因对国民党职业学生不满投诉被勒令退学,一度进入中央图书馆工作,后转入苏州东吴大学(今苏州大学)学习国际法。抗战胜利后回杭州进《东南日报》做记者,1948年在数千人参加的考试中脱颖而出,进入《大公报》,做编辑和收听英语国际电讯广播当翻译。不久《大公报》香港版复刊,金庸南下到香港。

1950年,《大公报》所属《新晚报》创刊,金庸调任副刊编辑,主持《下午茶座》栏目,也做翻译、记者工作,与梁羽生(原名陈文统)一个办公桌,写过不少文艺小品和影评(笔名姚馥兰和林欢,姚馥兰的意思是英文的Your friend 你的朋友)。1955年开写《书剑恩仇录》,在《大公报》与梁羽生、陈凡(百剑堂主)开设《三剑楼随笔》,成为专栏作家。1957年进入长城电影公司,专职为编剧,写过《绝代佳人》《兰花花》《不要离开我》《三恋》《小鸽子姑娘》《午夜琴声》等剧本,合导过《有女怀春》、《王老虎抢亲》(所用笔名为林欢)。

新中国成立不久,金庸为了实现外交家的理想来到北京,但由于种种原因而失望地回到香港,从而开始了武侠小说的创作。

1959年离开长城电影公司,与中学同学沈宝新合资创办《明报》,任主编兼社长历35年,期间又创办《明报月刊》《明报周刊》、新加坡《新明日报》及马来西亚《新明日报》等。金庸任董事长期间,《明报》成为香港最有影响的报纸之一,有人把它比喻成香港的《泰晤士报》。其对中国时局的预测和分析,是其他报纸不能比拟的。《明报月刊》则是华人世界最文人化的刊物,其对大中华的关怀,深受全世界华人好评。

从50年代末到70年代初,金庸共写武侠小说15部,取其中14部作品名称的字首,可概括为"飞雪连天射白鹿,笑书神侠倚碧鸳",外加一部《越女剑》,即《飞狐外传》《雪山飞狐》《连城诀》《天龙八部》《射雕英雄传》《白马啸西风》《鹿鼎记》《笑傲江湖》《书剑恩仇录》《神雕侠侣》《侠客行》《倚天屠龙记》《碧血剑》《鸳鸯刀》《越女剑》等15部脍炙人口的武侠小说,并且都被改编为电影、电视连续剧、广播剧、舞台剧等,其中若干作品已被译成英文、泰文、越文、法文、马来文、韩文等在海外流传,其作品销量长期高居华人社会之榜首。1972年金庸宣布封笔，开始修订工作。

1981年后金庸数次回大陆，先后受到邓小平、江泽民等领导人的接见，1985年任香港基本法起草委员会委员，1986年被任命为基本法起草委员会"政治体制"小组港方负责人，1989年辞去基本法委员职务，卸任《明报》社长职务，1992年到英国牛津大学当访问学者，1994年辞去《明报》企业董事局主席职务。1999－2005年任浙江大学人文学院院长。

金庸博学多才。就武侠小说方面，金庸阅历丰富，知识渊博，文思敏捷，眼光独到。他继承古典武侠小说之精华，开创了形式独特、情节曲折、描写细腻且深具人性和豪情侠义的新派武侠小说先河。凡历史均有篡改，在政治、古代哲学、宗教、文学、艺术、电影等都有研究，作品中琴棋书画、诗词典章、天文历算、阴阳五行、奇门遁甲、儒道佛学均有涉猎，金庸还是香港著名的政论家、企业家、报人，曾获香港"大紫荆勋章"、法国总统"荣誉军团骑士"勋章、英国牛津大学董事会成员及两所学院荣誉院士，多家大学名誉博士。

2009年6月，金庸加入中国作协。2009年9月，被聘为中国作协第七届全国委员会名誉副主席。

金庸一支笔写武侠，一支笔纵论时局，享誉香江；少年游侠，中年游艺，老年游仙；为文可以风行一世，为商可以富比陶朱，为政可以参国论要。

金庸武侠小说创造了中国现代文学史上的一个奇迹，一个难解之谜。上至政府首脑要员、文人墨客、学者教授，下至农夫民工小贩，从中国到美利坚，只要有华人的地方，就有层出不穷的金庸迷……